中小学研学实践教育课程设计探索
（上）

主　　编　杨国成　袁仕伦　孙　亮
分册副主编　郭永昌　汪贵平　李　莉

西南交通大学出版社
·成都·

图书在版编目（CIP）数据

中小学研学实践教育课程设计探索. 上 / 杨国成，袁仕伦，孙亮主编. --成都：西南交通大学出版社，2023.12
　ISBN 978-7-5643-9644-2

Ⅰ. ①中… Ⅱ. ①杨… ②袁… ③孙… Ⅲ. ①教育旅游－活动课程－教学设计－中小学 Ⅳ. ①G632.429

中国国家版本馆 CIP 数据核字（2023）第 246332 号

Zhongxiaoxue Yanxue Shijian Jiaoyu Kecheng Sheji Tansuo（Shang、Zhong、Xia）
中小学研学实践教育课程设计探索（上、中、下）

主编　杨国成　　袁仕伦　　孙　亮

策 划 编 辑	罗在伟
责 任 编 辑	罗在伟　周媛媛
封 面 设 计	GT 工作室
出 版 发 行	西南交通大学出版社 （四川省成都市金牛区二环路北一段 111 号 西南交通大学创新大厦 21 楼）
营销部电话	028-87600564　028-87600533
邮 政 编 码	610031
网　　　址	http://www.xnjdcbs.com
印　　　刷	成都勤德印务有限公司
成 品 尺 寸	170 mm×240 mm
总 印 张	18
总 字 数	303 千
版　　　次	2023 年 12 月第 1 版
印　　　次	2023 年 12 月第 1 次
书　　　号	ISBN 978-7-5643-9644-2
套价（全3册）	90.00 元

图书如有印装质量问题　本社负责退换
版权所有　盗版必究　举报电话：028-87600562

编委会

主　　　编：　杨国成　　袁仕伦　　孙　亮

分册副主编：　郭永昌　　汪贵平　　李　莉

分 册 编 委：　黄应坤　　杨红兵　　严洪川

　　　　　　　苟秋香　　龚青宇　　赵　兵

　　　　　　　侯明华　　韩凤华

前言

古人云："知是行之始，行是知之成"。

为深入贯彻落实习近平新时代中国特色社会主义思想，秉承"创新、协调、绿色、开放、共享"的新发展理念，落实立德树人根本任务，帮助中小学生了解国情、热爱祖国、开阔眼界、增长知识，着力提高他们的社会责任感、创新精神和实践能力，2016年，教育部等11部门联合发布了《关于推进中小学生研学旅行的意见》。自此，中小学生研学旅行的地位日益提升，研学旅行行业得以迅速发展。

本书基于目前研学现状，结合四川省广元市及其周边地区研学实际并与国内国家级营地联动，整合市内外研学资源，在资源、成果共享的基础上编撰而成。

本书分为上、中、下三册。上册以"研学旅行行业现状探索""研学旅行相关问题探讨""课程建设思路""研学主题课程资源开发"为主题；中册对广元地区研学资源情况进行介绍，并针对翠云廊、剑门关、唐家河等研学资源进行挖掘，形成文本素材资源；下册在中册文本素材资源的基础上，结合研学旅行实践教育活动开展实际，形成"翠云廊、剑门关、唐家河"等研学活动系列课程案例。

本书在编写过程中难免有不足之处，真诚希望大家提出宝贵意见，我们将集思广益，不断修订，力求使本书更加完善。

《中小学研学实践教育课程设计探索》编写组

2023年9月

目 录

第一章 开展研学旅行实践教育课程建设的背景 …………001

第二章 国内外研学旅行现状概览 …………006
  第一节 中国研学及现状 …………006
  第二节 国外研学及现状 …………011

第三章 研学旅行相关问题探讨 …………013
  第一节 研学旅行的本质 …………013
  第二节 国内外研学旅行内涵解读 …………017
  第三节 研学旅行构成要素 …………019
  第四节 影响研学旅行的相关因素 …………021
  第五节 研学旅行与旅行（旅游） …………027
  第六节 研学旅行与学校教育 …………029
  第七节 开展研学旅行对学生成长的意义 …………030

第四章 研学旅行课程建设思路 …………034
  第一节 研学旅行课程建设离不开顶层设计 …………034
  第二节 课程开发与设计的重要意义 …………038
  第三节 研学旅行课程建设理念 …………040
  第四节 课程主题的来源 …………043

第五节　课程主题选择与确定 ……………………………044

第六节　课程主题设计的原则 ……………………………045

第七节　课程目标的制定依据 ……………………………046

第八节　课程目标的确立 …………………………………048

第九节　课程建设基本构成 ………………………………050

第十节　任务驱动，引领研学活动开展 …………………051

第十一节　建立多元评价方式及完善的评价机制 ………055

第十二节　课程团队建设 …………………………………058

第十三节　线路的选择与规划 ……………………………063

第五章 研学主题课程资源开发（部分） ………………066

第一节　蜀道行 ……………………………………………066

第二节　天府行 ……………………………………………077

第三节　华夏行 ……………………………………………082

第一章 开展研学旅行实践教育课程建设的背景

一、课程科学化的必然要求

（一）建设目的

教育部等11部门印发的《关于推进中小学生研学旅行的意见》（教基—〔2016〕8号，简称《意见》）明确提出："中小学生研学旅行是由教育部门和学校有计划地组织安排，通过集体旅行、集中食宿方式开展的研究性学习和旅行体验相结合的校外教育活动，是学校教育和校外教育衔接的创新形式，是教育教学的重要内容，是综合实践育人的有效途径。开展研学旅行，有利于促进学生培育和践行社会主义核心价值观，激发学生对党、对国家、对人民的热爱之情；有利于推动全面实施素质教育，创新人才培养模式，引导学生主动适应社会，促进书本知识和生活经验的深度融合；有利于加快提高人民生活质量，满足学生日益增长的旅游需求，从小培养学生文明旅游意识，养成文明旅游行为习惯。"

研学旅行是一种校外实践教育活动，它通过实际环境考察和体验，使学生能够将理论知识与实践相结合，加深对知识的理解与运用。研学旅行强调学生的主体性、实践性和创新性，注重自主探究和合作学习，教育目标和实施策略明确，同时也有较强的方向性和针对性。开展研学旅行活动，有利于推动全面实施素质教育，创新人才培养模式，引导学生主动适应社会，促进书本知识和生活经验的深度融合等，因此，研学旅行课程建设应注重以学生

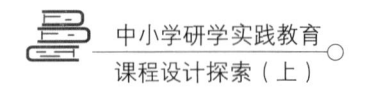

"生活世界"为基础开展课程建设，以课程建设为支撑，更好地丰富中小学课程体系，实现以立德树人、培养人才的教育目标。

（二）建设内容

中小学生研学旅行实践教育课程内容涉及人与自然、人与社会、人与自我三个维度，体现了人与世界的联系性与和谐共生。研学旅行是让学生走进美丽的大自然，感受自然风光，让学生在与自然的亲密接触中感受自然的美好，受到美的陶冶，增进对自然的理解和认识，树立人与自然和谐相处的生态理念，以及对祖国大好河山的热爱之情；走进名胜古迹，感受历史文化，让学生在历史与文化的对话过程中了解国家和民族的悠久历史，丰富历史文化知识，增进文化理解和树立文化自信，增强对国家和民族的热爱；走进大型公共设施、知名院校、工矿企业、科研机构等，让学生近距离深入了解自己生活的社会，认识科技和社会的发展与进步。

总之，开展研学旅行活动，让广大中小学生在研学活动中感受祖国大好河山、感受中华传统美德、感受革命光荣历史、感受改革开放伟大成就，增强对坚定"四个自信"的理解与认同；让学生学会动手动脑、学会生存生活、学会做人做事，促进身心健康、体魄强健、意志坚强，形成正确的世界观、人生观、价值观，让青少年学生成为德、智、体、美全面发展的社会主义建设者和接班人。要实现以上目标，研学旅行实践教育活动课程建设十分重要，在研学旅行实践教育课程建设过程中，要根据学生年龄特点，结合丰富的研学资源，统筹规划、合理安排，形成开展研学旅行活动科学的课程体系。

（三）建设意义

1. 课程建设是研学旅行活动有序开展的前提条件

近年来，我国研学旅行实践教育活动开展如火如荼，因其教育模式较新，教育主管部门及学校、校外机构、旅行社等通过积极探索，积累了一定的可供参考学习的经验。但在实践中，受师资团队、课程建设、评价体系等各种因素的影响，目前还没有一套成熟的、可借鉴的现成模式可作标准使用，有些研学旅行实践教育活动开展存在规划随意、重游轻学、重利轻学等现象，活动开展浅层化，缺乏科学的组织和规划，从而导致研学效果不如预期。因此，必须对研学旅行实践教育活动进行科学设计和规划，使研学旅行实践教育成为一门真正意义上的课程，以此为前提，发挥其应有的教育价值，推动研学旅行实践教育活动有序、有效开展。

2. 课程建设是研学旅行科学化的必然要求

研学旅行实践教育活动的课程建设应紧密结合教育本质和满足时代要求，在正确的教育理念指导下，结合学生生活和现实需要，在课程理念和课程内容上要注重科学世界与学生生活世界的统一，科学选择和有效整合研学资源，确定研学旅行实践教育课程内容和课程目标，构建科学的课程体系和评价体系，制定合理的研学方案，安全有效实施。同时，当研学旅行实践教育课程开发出来后，还要对研学旅行实践教育课程的目标、内容、实施及评价进行反复研讨和价值论证，确保课程建设的科学性。

二、课程规范化的应然体现

（一）学科课程的有效补充

研学旅行纳入学校课程体系，是学校综合育人的重要途径，是践行实践育人的必然要求。中小学课程主要以学科课程为主，注重理论的学习，经验的学习。研学旅行实践教育是在学生的生活世界、真实的情境中让其综合地运用知识，在实践中探究发现和解决问题，增进对自然、社会、世界的整体认识，体现了实践教育的过程性和创造性，实现综合育人的教育价值，是对学科课程的有效补充。由此可见，研学旅行实践教育课程是学校课程的有效补充，对于落实立德树人的根本任务、发展学生的素养和能力、促进学生的全面发展具有重要作用。

（二）纳入课程的前提条件

在学校教育教学内容中，各学科教学是成体系的，具有"规范化、稳定性"的特征。衡量一门课程能否成为学校课程的前提条件之一是看这门课程是否被规范化。规范化的课程包括以下要素：明确的课程目标、体系化的课程内容、常态化的课程实施模式、科学的评价标准、明确的学时安排和学期教学进度计划、专职教师与经费制度保障等。因此，研学旅行实践教育课程建设规范化也十分重要，是其纳入学校课程体系的重要前提条件。当前，研学旅行实践教育活动在一些中小学被看作一种发展学生研究兴趣的教育，学

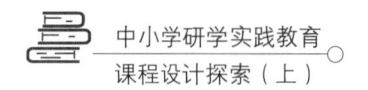

校也逐渐认识到在研学中培养学生探究兴趣、发展学生实践能力的重要性，但基于大部分校外教育活动的其形式过于灵活、规范性不强等问题，致使研学旅行实践教育活动难以真正被纳入中小学课程体系，导致研学旅行实践教育活动在中小学的开展和实施中遇到一定的困难。

（三）课程规范化的重要手段

课程建设的目的是促进研学旅行实践教育活动的有效实施。加强课程建设，明确课程目标、规范课程内容组织和实施，是建立体系化、科学实施和保障体系的过程。在课程建设过程中，要探寻研学旅行实践教育对促进学生健康成长的价值意义，要明确研学实践教育的课程目标内容，为此，就需要明白如下问题：研学旅行实践教育是一门怎样的课程？为什么要开设这门课程？通过这门课程学生可以得到哪些发展？设计什么样的课程路线和课程资源才能达到这些目标？如何去保障研学旅行实践教育常态化地开展和实施？了解清楚了这些问题，才能使研学旅行真正走向规范化，这个过程就是研学旅行实践教育课程建设的过程。

三、课程有效性的实然路径

关于课程的有效性，简单地说，就是通过课堂教学活动使学生在学业上有所收获，有所提高，有所进步。对于研学旅行实践教育课程来说，同样要注重课程建设的有效性。当前，在中小学研学旅行实践教育活动开展的实践中，存在的组织规划随意、活动实施无序、活动开展流于形式等问题，其根本原因在于活动目标不明确、活动内容随意、保障和监督体制不完善，同时，研学旅行实践教育得到学校、学生及相关部门的重视程度有待提高。研学旅行实践教育只有真正成为一门课程，有了明确的课程目标，才能引起学校的足够重视与认可，赢得家长与相关部门的支持和配合，积极推动研学旅行实践教育的开展和实施，才能保障研学旅行活动围绕明确的目标组织和开展，提高研学旅行实践教育的有效性。因此，加强课程建设，推进研学旅行实践教育常态化实施，才能使学校和相关部门重视研学旅行实践教育工作，并从师资、物力、制度、课时安排等方面予以保障。如加强专业教师师资培训，重视研学旅行实践教育的教学理论与实践研究，建立常态化的课程实施体系，重视对学生研学旅行实践教育过程指导，建立标准化的评价体系等。同时，课程建设能够统筹校内外资源和条件，形成社会、政府和教育部门的合力，从财力、制度上予以保障和支持，共同推进研学旅行实践教育有效实施。

在学校学科教育教学活动中，学科课程按照课程自身的性质特点、课程内容体系、实施模式有序开展，形成稳定的课程框架，运作体系和保障体系。研学旅行实践教育也只形成课程体系，才能像其他学科课程一样常态化实施，不断提高研学质量，优化研学实践教育课程结构。研学旅行实践教育课程开发，要结合时代发展要求，努力挖掘地方特色资源，与时俱进地开发优质研学旅行实践教育线路及课程资源，使研学旅行实践教育真正成为学生与生活世界相沟通的桥梁，丰富实践体验，在轻松愉悦的研学过程中得到情感的熏陶和感染，增长见识，习得技能，增进对自然、社会和自我的认识，发展核心素养，增进文化自信。

第二章 国内外研学旅行现状概览

第一节 中国研学及现状

一、古代研学

在我国,研学可谓历史悠久,源远流长。春秋战国时期,孔子曾经带领弟子周游列国,到各诸侯国进行游说、拜师求学、研学悟道,宣传礼乐文化,考察风土人情,堪称世界研学旅行的先师和典范。孔子通过游学方式带领弟子治学悟道,研学成为其治学精神的重要部分。我国古代游学之风盛行,古人既要读万卷书,又要行万里路。除了孔子,中国历史上不乏士子文人游历名山大川、探索自然风物、感悟风土人情、践行格物致知,从他们的身上展现出对知识的渴求、对认知世界的渴望。古人们深深懂得"行万里路,读万卷书"的重要意义,也可以说,研学识广的教育学习理念早已深入人心。

李白一生游历名山大川,感物抒怀,写下不朽的诗篇;"唐宋八大家"中的苏轼、王安石、曾巩等人,在旅游中取理趣,创作出一篇篇流芳百世的绝妙诗句;高僧玄奘为探究佛教各派学说,一人西行,历尽千辛万苦到达天竺求取真经;明代著名旅行家徐霞客游历无数山川古迹,领略各地风土人情,著成具有极高科学价值和文学价值的"千古奇书"——《徐霞客游记》。到了清代,洋务派以"师夷长技以制夷",以"中学为体,西学为用"的方式开展洋务运动,康有为、梁启超推动维新运动,客观促使那时的中国开启了走出国门、了解世界的游学之旅。

古代中国研学旅行起源较早，在不同朝代形成了富有时代特色的研学内涵，对推动中国古代政治、经济文化的发展有着重要的作用和广泛的影响。

二、现代研学

虽然我国古代中国研学教育起源较早，对推动中国古代政治、经济文化的发展产生过广泛影响，但到了现代，我国的研学教育逐渐滞后，尚处于初步发展阶段。改革开放后，随着世界的发展和中国的进步，我国与世界各国的交流更加频繁而深刻，研学教育也趁着改革的东风悄然兴起。20世纪80年代，研学教育受到社会广泛的关注。

1985年，北京正式接待日本修学旅行团，入境研学教育开始形成；2000年，江苏省推出"教育旅行"计划，在全省高校、中小学广泛开展跨国界的出境研学旅游活动；2003年，上海成立了"修学旅行中心"，联合江、浙、皖等地区打造华东研学旅游黄金线路；2006年，首届"孔子修学旅行节"在山东曲阜成功举办，这是中国第一个与研学教育相关的节庆活动。2012年底，我国开始开展研学教育的试点工作，随后有关研学教育的政策和文件不断出台，教育、旅游等相关部门纷纷行动，积极推动开展试点、出台政策、制定标准、打造载体等方面的工作。2016年，教育部等11部门出台《关于推进中小学生研学旅行的意见》，进一步促进我国研学教育事业的繁荣发展。如今，国家大力支持研学事业，我国的研学旅行实践教育目标明确、内容丰富、实施规范、发展良好。

三、实施举措

我国古代的游学主要是一种自发性、自主性的行为。随着教育事业发展，现代教育制度的建立，我国现代研学旅行在尝试性开展、政策出台、标准制定、载体打造等方面得到了长足发展，使得我国研学旅行进入了新阶段，广大中小学开展研学旅游的条件也日趋成熟。

（一）选点示范，助推研学快速发展

2010年6月《国家中长期教育改革和发展规划纲要（2010—2020年）》（简称《纲要》）审议通过。《纲要》指出：今后十年，我国教育改革发展的工作方针是优先发展、育人为本、改革创新、促进公平、提高质量，即把教育摆

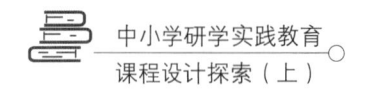

在优先发展的战略地位，把育人为本作为教育工作的根本要求，把改革创新作为教育发展的强大动力，把促进公平作为国家基本教育政策，把提高质量作为教育改革发展的核心任务。坚持以人为本、全面实施素质教育是教育改革发展的战略主题，是贯彻党的教育方针的时代要求，其核心是解决好培养什么人、怎样培养人的重大问题，重点是面向全体学生、促进学生全面发展，着力提高学生服务国家服务人民的社会责任感、勇于探索的创新精神和善于解决问题的实践能力。坚持德育为先，立德树人，把社会主义核心价值观融入国民教育全过程；坚持能力为重，优化知识结构，丰富社会实践，强化能力培养，着力提高学生的学习能力、实践能力、创新能力，教育学生学会知识技能，学会动手动脑，学会生存生活，学会做人做事，促进学生主动适应社会，开创美好未来；坚持全面发展，全面加强和改进德育、智育、体育、美育，促进德育、智育、体育、美育有机融合，提高学生综合素质，使学生成为德智体美全面发展的社会主义建设者和接班人。为落实《纲要》精神，2012年之前，教育部仅在江苏、上海、广东、山东等个别地方尝试性开展以"修学旅行"为名的研学活动。随后，教育部、国家发改委等部门开始加强对研学旅行工作的顶层设计和政策指导，出台相应政策，采取先行试点、典型引路的方式，统筹校内外教育资源，指导地方广泛开展研学活动。2012年12月，教育部印发《关于开展中小学生研学旅行试点工作的函》，确定安徽、江苏、西安、上海为第一批研学旅行试点地区。

（二）政策保障，推动研学广泛开展

2013年2月，国务院办公厅印发《国民旅游休闲纲要（2013—2020年）》，提出将在中小学校"逐步推行中小学生研学旅行"的设想。2014年8月，国务院办公厅印发的《关于促进旅游业改革发展的若干意见》，提出要"按照教育为本、安全第一的原则，建立小学阶段以乡土乡情研学为主、初中阶段以县情市情研学为主、高中阶段以省情国情研学为主的研学旅行体系"。

2015年8月，国务院办公厅印发的《关于进一步促进旅游投资和消费的若干意见》第十五条提出："支持研学旅行发展。把研学旅行纳入学生综合素质教育范畴。支持建设一批研学旅行基地，鼓励各地依托自然和文化遗产资源、红色旅游景点景区、大型公共设施、知名院校、科研机构、工矿企业、大型农场开展研学旅行活动。建立健全研学旅行安全保障机制。旅行社和研学旅行场所应在内容设计、导游配备、安全设施与防护等方面结合青少年学

生特点，寓教于游。加强国际研学旅行交流，规范和引导中小学生赴境外开展研学旅行活动。"

2016年12月，教育部等11部门联合印发《关于推进中小学生研学旅行的意见》进一步明确研学旅行的内涵，对推进中小学生研学旅行工作的要求、原则、主要任务、组织保障提出了具体要求，成为指导近些年研学旅行发展的纲领性文件。

在系列政策出台的背景下，旅游主管部门积极响应，倡导并践行"行万里路，读万卷书"的理念，努力探索"旅游"与"教育"的有机融合发展。随着教育部等11部门联合印发《关于推进中小学生研学旅行的意见》，各省市教育部门积极贯彻落实该《意见》精神，也纷纷出台相应的政策，有力推动了以中小学生为主体的研学旅行在全国范围开展。

（三）标准制定，提升研学服务质量

《意见》出台后，中小学研学旅行成为旅游市场的新热点，但也出现一些流程不规范、服务质量不高、流于形式、重利轻学等问题。为了规范研学旅行服务流程，提升服务质量，引导和推动研学旅行健康发展，2016年12月19日，国家旅游局发布《研学旅行服务规范》（以下简称《规范》），并于2017年5月1日起正式实施。《规范》对服务提供方、人员配置、研学旅行产品、服务项目以及安全管理等内容进行了详细规定，要求研学旅行的承办方提供的产品必须结合实际教育目标以及不同学级的特点进行设计，小学低年级与高年级、初中、高中等不同阶段的学生都有相适应的产品类型。《规范》特别提出，小学低年级学生应以乡土乡情研学为主，小学高年级学生应以县情市情研学为主，初中年级则应将县情市情省情作为主要研学对象，高中生的研学落点更拔高到以省情国情研学为主。同时，《规范》的另一大重点即是对服务项目的规定，具体细化为教育、交通、住宿、餐饮、导游讲解以及医疗救助等方向。

2019年2月，中国旅行社协会与高校毕业生就业协会联合发布《研学旅行指导师（中小学）专业标准》（以下简称《标准》）、《研学旅行基地（营地）设施与服务规范》（以下简称《服务规范》），《标准》旨在规范和引导研学旅行指导师队伍的健康发展，是对合格研学旅行指导师专业素养的基本要求，是研学旅行指导师实施研学旅行教育活动的基本规范，是引领研学旅行指导师专业发展的基本准则，是研学旅行指导师培养、准入、培训、考核等工作的重要依据。《服务规范》规定了中国境内研学旅行基地（营地）作为旅行社

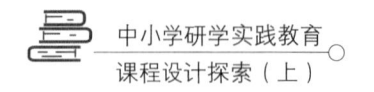

研学旅行线路产品资源供应商的认定准入标准，包括：基地创办原则、基本设立条件和要求、教育与体验、设施与服务、安全管理及合格认定等内容。根据实际实施情况来看，研学旅行基地（营地）已经成为旅行社研学旅行线路产品不可或缺的重要载体。

相关标准、规范的制定，为规范和引导研学旅行指导师队伍的健康发展，规范和提升研学旅行基地（营地）的服务质量起到了很好的引导和指导作用，其效果也得到了充分展示。

（四）品牌认定，建立研学实施载体

1. 评选研学目的地及旅游示范基地

为推动研学旅行有效实施，旅游部门积极作为，开展了"中国研学旅游目的地"和"全国研学旅游示范基地"等品牌认定活动。2016年1月，北京市海淀区、浙江省绍兴市、湖北省神农架林区、广西壮族自治区桂林市、甘肃省敦煌市等10个市（区）被授予"中国研学旅游目的地"称号，北京市卢沟桥中国人民抗日战争纪念馆等20家单位被授予"全国研学旅游示范基地"称号。提高旅游城市以及旅游景区、文博院馆相关工作人员对研学旅行的认知，助推相关城市及景区、文博院馆等开展研学旅行活动的积极性。

2. 建设研学旅行实验区

教育部于2016年3月下发《关于做好全国中小学研学旅行实验区工作的通知》，天津市滨海新区等10个地区被确定为"全国中小学研学旅行实验区"。要求各实验单位从"研学旅行运行管理机制、协同配合机制、安全保障机制、经费保障机制以及科学评价机制"等方面，要坚持问题导向，把握工作规律，大胆探索研学旅行的政策措施和有效做法，创造一批特色突出、借鉴性强的研学旅行试验区。

3. 以基地（营地）为载体

为引导中小学有针对性和选择性地开展研学旅行活动，教育部设立中央专项彩票公益金支持中小学生研学实践教育项目，遴选全国做得好的中小学生研学实践教育基地（营地）并给予资助金上的支持，推动研学旅行工作开展。2017、2018、2022、2023年先后认定了中国人民革命军事博物馆等600余个单位为"全国中小学生研学实践教育基地"，河北省石家庄市青少年社会综

合实践学校等70余个单位为"全国中小学生研学实践教育营地"。基地（营地）在推动研学旅行发展的过程中，形成了以营地为枢纽、基地为站点的运行模式，发挥着示范引领作用。基地（营地）已成为研学旅行不可或缺的重要载体。

四、发展现状

从2018年到现在，在政府主导发展研学旅行的过程中，各省市教育、旅游、交通等部门协同联动，共同助力研学旅行事业的发展，取得了良好效果。通过研学旅行实践教育活动的开展，促进了学生德智体美劳全面发展，贯彻落实了"立德树人"的根本任务。

第二节　国外研学及现状

一、名称表述

国外学者对研学旅行的表述和认识不尽相同，存在一定的认识差异。在欧美国家多称为"教育旅游"，英国还将研学旅行称为"户外教育"和"体验学习"。日本和韩国把研学旅行称为"修学旅行"。在《关于推进中小学生研学旅行的意见》中，我国将研学实践教育定义为"由教育部门和学校有计划地组织安排，通过集体旅行、集中食宿方式开展的研究性学习和旅行体验相结合的校外教育活动"。结合相关文件精神，我国将其表述为"研学旅行"。虽然各国在名称表述上有所不同，但其基本内涵大致相同。

二、起步时间

研学旅行起源于16世纪。英国的大陆游学跟当时的政治文化有关，历经500年发展，为当今其他国家的研学旅行提供了借鉴与参考。17世纪后期至19世纪，英国处在"贵族时代"，英国贵族（主要以英国青年男性贵族为主）为了延续权力垄断，要求贵族青年到欧洲大陆游历学习，增长知识见闻、文化涵养，游学因此成为英国贵族青年必经的教育阶段。随着工业革命的到来，大量的中产阶级和普通工薪阶级的子女加入大陆游学的队伍，从此，英国的大陆游学开始向平民化发展。

日本的修学旅行最早起步时间为1882年，被正式纳入教育体系是1946年。

三、发展现状

英国政府和教育行政部门介入游学，游学便发展成了如今的研学，并纳入英国各地方学校的教学大纲，规定所有学校都必须开展研学旅行实践教育活动。政府和教育行政部门的介入，使得研学旅行在英国地方各学校得到了大力支持，地方各学校为满足学生研学需要，为中小学生开设了暑假学校，招收来自不同地方的学生进行混合式教学。同时，英国的研学旅行机构积极支持研学活动开展，积极开发适合学生的、安全的、具有积极意义的研学旅行实践教育项目课程，确保研学旅行实践教育活动有效开展。

日本政府及教育部门将修学旅行作为日本中小学教育体系重要的一环，发展至今，已成为日本学校教育的特色内容，成为日本文化的一部分。在日本，公立小学、初中的修学旅行费用的补助由国家和地方财政共同承担，并且数额比重逐年增长。国家财政支持减轻了参加修学旅行活动学生的家庭负担，让普通家庭能够负担得起学生的修学旅行费用支出，为日本的修学旅行发展提供强大的经济推动力。同时，全面修学旅行活动的经济带动作用增加了政府的财政收入，使政府有能力为下一轮修学旅行活动的开展加大财政支持。

美国将研学的质量和收获作为美国大学招生的一个考量指标，并作为进入著名大学的敲门砖。在美国，很多名牌大学的申请表要求学生填写读高中期间每个暑假的活动情况，以此为依据，作为进入名牌大学的一个重要考核因素。因此，美国学生在暑假的时候往往没有书面作业，学生根据自己的兴趣爱好，参加不同的研学活动，为满足或培养孩子的兴趣爱好提供了多种多样的选择。暑期研学活动在美国是非常受学生欢迎的活动。

韩国几乎每个学生都参加过各种类型的研学旅行实践教育活动，其中较有特色的形式是毕业旅行。韩国教育部门将毕业旅行作为学生的一项必修科目并纳入学分管理，学生毕业时，必须要参加毕业旅行并修够相应学分才可以毕业。参加研学旅行的目的地及范围可以是本国，也可以是国外。

美国、加拿大等发达国家制定的研学评价标准明确规定：研学课程必须为小班教学，突出研学质量效果；所有研学受众参与不得少于 80%的研学课程，未参与研学课程必须记录其原因；研学课程的教育目的是为所有参与研学课程者设定的；每个研学课程必须单独撰写课程的设置计划；每天的研学课程设置必须包括不少于一个半小时的研学知识类课程与不少于一个半小时的体验活动课程。

第三章 研学旅行相关问题探讨

第一节 研学旅行的本质

根据教育部等 11 部门印发的《关于推进中小学生研学旅行的意见》,可以将研学旅行归纳为通过学校和教育部门组织、中小学生参与,以知识学习、社会考察、人格培养为主要目的的校外实践教育活动。研学旅行作为中小学教育实践的新形式,是教育与旅行的一次亲密接触,是两者深度跨界融合的产物,是"教育+旅游"新的育人模式。

一、特征和概念归纳

一是活动参与者的主体性。2016 年,教育部等 11 部门印发的《关于推进中小学生研学旅行的意见》中,明确在校中小学生是研学旅行活动的主体。

二是活动组织者的多元性。研学旅行活动实施开展采用教育部门和学校有计划地组织安排,校外旅行机构、研学基地等承办的模式,在活动组织上需要多方的分工与协作。

三是活动目的的生活化和实践性。《关于推进中小学生研学旅行的意见》明确研学旅行工作目标是让广大中小学生在活动中感受祖国大好河山,感受中华传统美德,感受革命光荣历史,感受改革开放伟大成就,增强对坚定"四个自信"的理解与认同;同时学会动手动脑,学会生存生活,促进身心健康、

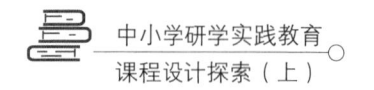

体魄强健、意志坚强，促进形成正确的世界观、人生观、价值观，培养他们成为德智体美劳全面发展的社会主义建设者和接班人。根据目标内容，研学旅行活动注重生活化和实践性，在活动过程中，让学生了解国情、热爱祖国、开阔眼界、增长知识，着力提高学生的社会责任感、创新精神和实践能力，最终以实现立德树人、培养人才为根本目的。

四是学习方式的体验性和探究性。研学旅行以集体旅游，集中食宿的形式展开，将旅行作为载体，在学习方式上以探究性学习、实践考察、参观体验等作为主要形式，在真实的社会情境和学习情境中，让学生通过体验、感受和反思等活动，主动探究和获取知识，获取最真实的体验。

五是学习资源的丰富性。研学旅行有别于校内学科书本知识的学习，拓展了教育资源的范围，涉及自然、社会和学生生活的方方面面，自然和文化遗产、红色旅游资源、科研机构、博物馆等都可以成为学生的研学资源。

根据以上特征，结合《关于推进中小学生研学旅行的意见》精神，中小学旅行是由学校和教育部门组织，以在校中小学生参与为主体，以学生集体食宿和集体旅行为载体，以学生生活的自然、社会作为学习和探究的对象，通过实践考察、探究学习、亲身体验等形式展开，旨在增进学生对乡情、市情、省情、国情和生活世界的了解，培养学生创新精神和校外综合实践能力，是教育与旅行深度融合的产物，是学校教育和校外教育有效衔接的创新形式，是实践育人的又一重要途径。

二、本质探讨

（一）研学旅行是一种生活教育

陶行知曾这样论教育，"在一般的生活里，找出教育的特殊意义，发挥出教育的特殊力量。同时，要在特殊的教育里，找出一般的生活联系，展开对一般生活的普遍而深刻的影响。把教育推广到生活所包含的领域，使生活提高到教育所瞄准的水平"，"没有生活做中心的教育是死教育，没有生活做中心的学校是死学校，没有生活做中心的书本是死书本（选自陶行知《生活即教育》）"。批判传统的教育，提倡生活教育这条主线始终贯穿陶行知一生的教育实践。当下，各国在教育改革与发展过程中，主张教育回归现实生活世界，这也是我国当前新课程改革的重点目标。近几年，我国把综合实践、研学实践教育、劳动教育等作为一门课程，要求在各中小学全面实施，并做好组织保障与监督，把相关工作实施的情况作为对学校办学考核的重要内容。

生活是教育的根基，教育不能脱离学生生活世界。生活世界是科学世界产生的根基，是科学世界灵感的来源，只有认识和理解生活世界才能为探寻科学世界做好准备。比如，牛顿从苹果落地产生万有引力论断的灵感。从这个意义上来说，研学旅行作为学校教育的另外一种形式，是学校教育的重要组成部分，从本质上来说属于生活教育。

人作为生活世界的主体，其价值和意义也只有回归到生活的现实世界中才能去探寻、去体现。生活世界是个体生存、生命意义求得和价值实现的世界，研学旅行就是让学生回归生活世界，实现了学校教育与校外教育的结合，打通了学校教育与校外教育的屏障，将教育开展的空间拓展到了校外。学生通过旅游观光、社会考察、参观访问等形式，了解他们所生活的现实世界，了解国情、省情、市情、乡情，了解历史与风土人情，领略山河与自然之美，开阔眼界、增长知识、提升能力。现在的学生离开父母外出旅行和生活的经历很少，到异地进行短期的研学旅行对于学生来说是一次难忘的全新体验，通过开展研学旅行活动，可以加速学生的成长，使其在真实、愉悦的生活情境之中，放松身心、增长经验，锻炼实践技能，提高人际交往能力，建立与生活世界融洽而有意义的关联。

（二）研学旅行是一种休闲教育

休闲作为一种生活理想起源于希腊。希腊语中"schole"表示休闲和教育，古希腊人认为开展娱乐，从中获益，与文化水平的提高相辅相成。"schole"恰好又是英语中"school"的原始含义，这进一步印证了休闲具有教养的功能，而且可以培养人们的优秀品质与美德。学校与休闲在起源上的同义说明教育的本质是人们享受休闲的特有方式，通过这种特殊的休闲方式，人类创造的文化得以传递并不断创造出新的文化。亚里士多德认为，"休闲是实现文化理想的一个基本要素，知识引导着符合道德的选择和行为，而道德的选择和行为反过来又引出了真正的愉悦和幸福"，"人的理性灵魂的特点就是思考、理解和判断，这些必须以足够的沉思为基础，人们只有在闲暇中持续地沉思，才会领悟到人生的幸福和真谛"。柏拉图的《理想国》呈现出的就是一种休闲状态下的国度。休闲教育成为当时雅典人生活教育的重要组成部分，休闲是生活的中心。古希腊休闲式的生活方式给人们以思想的灵感，因此才产生了辉煌的古希腊文化。

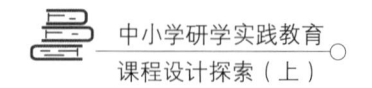

我国最早的学校为"庠","庠"原为储存公共粮食的地方,后来发展演变成为老人养老和儿童休闲的场所,在这里由富有生产和生活经验的老人承担教育年轻一代的任务,由此,在"庠"的基础上才出现了真正意义上的学校。休闲教育在我国古代早已有之。孔子"六经"(诗、书、礼、易、春秋、乐)和"六艺"(礼、乐、射、御、书、数)的教育课程中很多内容与休闲有关。据说,孔子经常带着他的学生采风、唱歌、游历山水等,通过开展这样的一些休闲教育来陶冶学生身心。古代《学记》中主张"臧息相辅",提出"藏、休、息、游"的教育思想,主张人性的教育和培养应当把敬德修业与休闲游乐结合起来,以获得全面而完整的发展。《诗经》记录了大量的休闲思想、休闲文化和休闲活动,《诗经·大雅·民劳》记载:"民亦劳止,汔可小康。惠此中国,以绥四方。"由此可见,古代的统治阶层甚至认为休闲是治国安邦的重要策略和准则。受休闲教育思想的影响,我国南北朝时期的隐逸文化、唐宋时期兼容并包的休闲文化、明清时期丰富多彩的休闲小品文、近代人文主义的闲适文化等都体现了中国传统文化独特而丰富的休闲思想内涵。休闲是对"天人合一"思想的表达,体现了人们对美好生活的向往和追求。休闲是文化传承的载体,也是文化创新的摇篮,它哺育和滋润着文化的成长。随着当代经济的发展和新时代对教育的要求,休闲教育再度受到人们的关注和推崇成为必然。

社会的发展进步对人才质量、教育改革与发展水平提出了更高要求,对学校教育与人才培养模式提出了新要求,这些高质量、高标准、新模式的压力都集中在学生身上,使他们感到学习是一件劳累而痛苦的事情,而不是一件幸福快乐的事情,只能感受身心的疲惫而不是心灵的愉悦。因此,从国家层面提倡给学生减负,希望学生爱上学习,感受学习的快乐。研学旅行的出现弥补了这种空缺,真正能够让学生在学校学习成为一件快乐的事情。研学旅行的有效实施,有利于引导学生形成健康、正确的休闲娱乐方式和观念。陶行知先生说:"解放时间……还要有空玩玩,才算是有点做人的味道,创造力才可以尽量发挥出来。"只有学会"玩",也就是懂得如何休闲和放松,才能更加全面地体现"人"的意义,否则只是一台只会工作的机器。斯宾塞说:"教育是为了更好地生活"。我们不仅需要崇高的美德去生活,也需要崇高的美德去休闲。研学旅行通过活动对学生进行休闲方式、旅游行为及常识的教育和引导,让学生学会休闲、学会放松,在活动过程中体验休闲生活的美好,享受个体身心愉悦和自我发展的这种自由自在的状态和生活方式，获得自主感和自我精神建构。

（三）研学旅行是一种校外实践教育

研学旅行是一种校外实践教育，在空间上超越学校和课堂的范围，以校外资源为依托，通过情境创设，让学生在与大自然、生活世界的亲密接触中，通过探究学习、实践考察、观光旅游等方式获得体验和成长，在知识、情感、技能、态度以及价值观上得到发展。这种校外体验学习有利于克服学校学习的弊端，让学生在轻松愉悦的环境中主动地获取知识和经验。它以情境创设为基础，以经验学习为主要方式，以反思达成意义的升华。知识存在于真实的情境中，学习发生在一系列真实情境中，真实的环境往往能使学生产生强烈的好奇心和探究欲。研学旅行为学生创造了真实体验的情境和空间，以丰富学生的体验和直接经验为主要追求之一，实现了学习方式的变革，弥补了学校课堂教育的局限，让学生走出校门，置身于真实的情境之中，基于现实生活世界主动进行研究和体验，在获得愉悦体验的同时进行自我建构和自我发展。

三、总结归纳

研学旅行是由教育部门和学校有计划组织安排，以在校中小学生作为参与主体，以学生集体食宿和集体旅行为载体，以学生生活的自然、社会作为学习和探究的对象，通过实践考察、探究学习、亲身体验等形式展开，旨在增进学生对国情、省情、市情的了解，对生活世界的了解，培养学生社会责任感、创新精神和实践能力的校外综合实践教育活动。研学旅行是教育与旅行深度融合的产物，是学校教育和校外教育有效衔接的创新形式，是综合实践育人的又一重要途径，通过研学旅行活动的开展，实现以立德树人、培养新时代社会主义建设需要的人才为目的。

第二节　国内外研学旅行内涵解读

什么是研学旅行？对其概念的定义和内涵解读由于世界各国对研学旅行的认知不同而有所差异。

一是名称表述不同。欧美国家多称研学旅行为"教育旅游"，日本和韩国

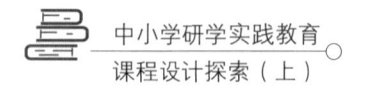

则称为"修学旅行",我国称为"研学旅行"。

二是内涵理解不同。国外学者普遍认为研学旅行实践教育是旅行者以学习为目的离开常住地到另一个地方去旅行的任何形式的活动。也有学者将研学旅行界定为旅行者以团体形式离开居住地到异地进行学习实践的旅游项目。日本将修学旅行定义为"由老师带着儿童、学生到文化、产业等重要基地参观,加深对知识的理解以及陶冶情操的旅行"。基于以上认知可以得出,国外学者对研学旅行的内涵和定义的解读有两种:一类是旅行者离开常住地到另一地进行短期的旅行活动;另一类是旅行者在这个活动过程中进行有意识、有目的的学习实践,伴有知识学习的过程。

三是游与学的关系侧重点不同。有的"重游轻学",有的"重学轻游",不同国家的学者持有不同的看法。例如,欧美学者认为:研学旅行是以旅游优先的教育旅游活动,把旅游休闲放在第一位,甚至有的学者认为修学旅行本质上就是一种有组织的,以结构化学习体验为关键特征的,广泛组织学生开展以生态、文化旅游为主题的休闲旅游活动。日本、韩国等国与欧美有所区别,他们更加注重学生在研学旅行中"学"的效果,注重"学"的重要性。主张以"游"作为知识学习、文化涵养与人格修炼的途径,通过"游"的方式让学生直接体验社会,学习自然文化知识,培养人际交往能力。

2013年2月,国务院发布《国民旅游休闲纲要(2013—2020年)》(简称《休闲纲要》),该文件提出:"逐步推行中小学生研学旅行。鼓励学校组织学生进行寓教于游的课外实践活动。地方政府可以探索安排中小学放春假或秋假。"《休闲纲要》将"学校组织学生进行寓教于游的课外实践活动""地方政府可以探索安排中小学放春假或秋假"等相关的行为内容与逐步推行中小学生研学旅行放在一起,说明研学旅行活动与"寓教于游的课外实践活动""安排中小学放春假或秋假"而开展的相关旅行活动有着重要的关联。为此,国内学者及教育专家对研学旅行进行解读,普遍认为"研学旅行"包含研究性学习、探究性学习和直接的旅行体验,即"研学"就是研究性学习,"旅行"就是一种旅游体验活动。同时,根据该文件的界定,研学旅行针对中小学生也是一种寓教于乐的课外实践活动,具有教育属性。因此,我国的研学旅行是一种以研究性、探究性学习为目的的旅行体验活动,是中小学生的校外综合实践活动,是教育与旅行深度跨界融合的产物。根据该文件精神,研学旅行在内涵上应包括"研究性学习"和"旅行体验"。针对"研究性学习"和"旅行体验"两者关系上的理解,不同学者或不同行业的人对其理解的侧重点有所不同。旅游界及其相关学者认为，研学旅行是一种特殊的旅游活动，是一种新的旅游形式和产品。教育界及其相关学者认为，研学旅行是一种以旅行为手段，以教育为目的进行研究性学习、开阔学生视野、增长知识见识的活动。旅游界注重"游"，教育界注重"学"。

2016年，教育部等11部门印发的《关于推进中小学生研学旅行的意见》秉承"创新、协调、绿色、开放、共享"的新发展理念，落实"立德树人"根本任务，帮助中小学生了解国情、热爱祖国、开阔眼界、增长知识，着力提高他们的社会责任感、创新精神和实践能力，针对的是中小学生。该《意见》明确：中小学生研学旅行是由教育部门和学校有计划地组织安排，通过集体旅行、集中食宿方式开展的研究性学习和旅行体验相结合的校外教育活动，是学校教育和校外教育衔接的创新形式，是教育教学的重要内容，是综合实践育人的有效途径。

《休闲纲要》以满足人民群众日益增长的旅游休闲需求为出发点和落脚点，坚持以人为本、服务民生、安全第一、绿色消费，大力推广健康、文明、环保的旅游休闲理念，促进社会和谐，以提高国民生活质量为指导思想，针对的是全体国民。

根据研学主体对象的不同，"研学旅行"可从广义和狭义两方面进行界定。广义上的"研学旅行"是指个体或群体（任何人）根据自己的需求离开常住地去别的地方进行以探究、考察为主要目的的文化求知活动，旅游界多采用此界定。狭义上的"研学旅行"则是特指由学校或者教育部门组织，以中小学生为参与主体，旨在落实"立德树人"根本任务，帮助中小学生了解国情、热爱祖国、开阔眼界、增长知识，着力提高他们的社会责任感、创新精神和实践能力为主要目的的校外实践教育活动。教育界多采用狭义的概念界定。

第三节 研学旅行构成要素

不同国家对研学旅行的内涵及核心界定各有侧重，主要表现在游与学的关系上侧重点不同，要素的体现也不尽一致。

美国学者罗伯特·麦金托什和夏希肯特·格伯特在《旅游学——要素·实践·基本原理》中认为，旅游活动是由游客、旅游企业、目的地政府和目的地居民在吸引和接待旅游及其游客的过程中产生的现象与关系之和。这里面

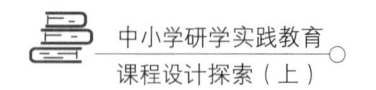

蕴含着很丰富的内容，涉及各种现象与关系多种因素。发展好研学旅行，同时离不开政府及其相关部门为其提供法律、政策、行业、宣传等方面的支持。

有的国外学者认为，实施教育旅游必须有规划团队、教材、地方或国家组织、旅游专员、旅游活动、媒体、学校课程和教师的参与；有的学者认为教育旅游是一个由需求（客户或旅游）和供应（旅游产品及配套元素或提供教育旅游体验的目的地）组成的系统，教育旅游产品的主要成分包括景点和活动、资源专员、旅游规划师、参观者和基地经营者，配套元素有交通、酒店以及旅游服务；有的学者则特别提出旅行中的空闲时间是团体修学旅行中的关键要素。

在国内，根据教育部等11部门印发的《关于推进中小学生研学旅行的意见》从开展研学旅行的重要意义、工作目标、基本原则、主要任务、组织保障五个方面对我国研学旅行如何组织实施提出了明确的要求，给予了政策及技术上的有效支持、保障与指导。《关于推进中小学生研学旅行的意见》明确指出，中小学生研学旅行是由教育部门和学校有计划地组织安排，教育、文化、旅游、共青团等部门、组织密切合作；探索建立政府、学校、社会、家庭共同承担的多元化经费筹措机制；教育行政部门负责督促学校落实安全责任，审核学校报送的活动方案（含保单信息）和应急预案；交通部门对中小学生研学旅行公路和水路出行严格执行儿童票价优惠政策，负责督促有关运输企业检查学生出行的车、船等交通工具；铁路部门可根据研学旅行需求，在能力许可范围内积极安排好运力；文化、旅游等部门要对中小学生研学旅行实施减免场馆、景区、景点门票政策并提供优质旅游服务，负责审核开展研学旅行的企业或机构的准入条件和服务标准；保险监督管理机构会同教育行政部门将研学旅行纳入校方责任险范围，鼓励通过社会捐赠、公益性活动等形式支持开展研学旅行学校要做好行前安全教育工作，负责确认出行师生购买意外险，必须投保校方责任险，与家长签订安全责任书，与委托开展研学旅行的企业或机构签订安全责任书，明确各方安全责任，负责指导保险行业提供并优化校方责任险、旅行社责任险等相关产品；公安、食品药品监管等部门加强对研学旅行涉及的住宿、餐饮等公共经营场所的安全监督，依法查处运送学生车辆的交通违法行为。

综合国内外对研学旅行内涵及核心的界定，研学旅行是一项系统工程，它涉及研学细节的多方面要素。它的运营不能单纯依靠市场，政府其他部门是研学旅行的政策支持者和政策督查者，政府相关部门给予研学旅行一定的方向指导、资金支持、政策优惠等,同时制定了研学旅行管理与服务规范,维持市场秩序,进行责任督查,确保研学旅行能顺利实施。针对我国中小学生开展的研学旅行活动实际,研学旅行要素应包括政府相关部门、中小学校、中小学生、家长、研学目的地、研学基地(营地)、活动课程、精品线路、研学导师、工作机制、配套资源与服务(交通、住宿、饮食、安全等)等系列要素,有的甚至还需在具体实施过程中、在具体实践中根据客观实际总结发现。

第四节 影响研学旅行的相关因素

根据教育部等11部门印发的《关于推进中小学生研学旅行的意见》精神,研学旅行运行包括政府相关部门、中小学校、中小学生、家长、研学目的地、研学基地(营地)、活动课程、研学线路、研学导师、工作机制、配套资源与服务(交通、住宿、饮食、安全等)等系列要素。因此,我们在研究影响研学旅行相关因素时,可从研学旅行的保障和运行入手,研究研学旅行推行机制、促进机制、联合机制、安全机制以及规范机制;可从研学旅行实施环节入手,研究研学旅行出行安全、经费保障、协调资源、效果评价、现场指导、旅游市场等;也可以从研学旅行过程的主体(学生)作为研究对象,对研学旅行满意度及实施效果进行研究。此外,也可以从学校和家长对研学旅行的行为意向方面研究。

研学旅行作为一种新的教育模式,不同于传统的课堂学习教育方式,它是以自然主义教育、生活教育和休闲教育为理念基础,它是教育的另外一种形式,是以旅行为手段,以集体旅行的形式带领学生到校外开展研学旅行实践教育活动,将课程与实践相结合,做到知行合一,旨在培养学生的创新精神和实践能力,寓教于乐,实现综合实践育人的目的。研学旅行作为综合实践育人的有效形式,在实施过程中受教育行政、目的地选择、潜在责任风险、学校对研学旅行实践教育认知、家长和学生态度和意愿、学校教育计划、研学时间安排、研学费用、实施效果、导师水平、课程质量、社会环境、研学者心理行为动机等多种因素的影响。具体表现在以下几方面:

一、政府决策是首要因素

教育部等11部门印发的《关于推进中小学生研学旅行的意见》是我国推

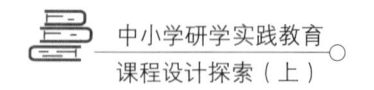

动研学旅行纲领性文件，随之各省市依据该文件精神也相继出台系列推动研学旅行实践教育的相关政策文件，使得研学旅行实践教育事业推进实施有据可循，全国各地多部门联动推进研学实践教育，为中小学生研学保驾护航，是研学旅行推进实施的保障者、政策的支持者、实施的指导者。同时，各省市教育行政部门根据文件精神，建立了工作领导机构，对研学实践教育工作进行了总体规划和教学目标的设定，制定有关制度和管理标准，健全评价机制，为研学营造良好的社会舆论氛围。自2017年以来，教育部评选了70余个全国青少年研学实践教育营地，并给予一定的资金支持，旨在利用营地的影响力，充分发挥营地优势，整合研学资源，推动研学工作在全国全面开展。研学旅行实践教育的快速发展，营地的作用是比较巨大的，教育行政的推动是首要的。教育行政部门对研学旅行实践教育工作保驾护航，并提供各类保障措施，建立具体工作方案及长效管理体系，制定有关制度，不断总结推动，有利于为学校开展研学实践教育活动提供政策支持，确保研学实践教育的有效开展。

二、学校认知是关键因素

当前，我国中小学研学旅行实践教育虽在政策层面上被纳入课程体系，中小学管理者及教师面对这种新的课程形态时却感觉无从下手。有的对研学旅行实践教育究竟是什么了解不足，对中小学生开展研学实践教育活动的作用意义认识不深，简单理解为"春游""秋游"等校外活动，认为可开展可不开展；有的认为研学实践教育就是带着学生走出校园开展的一项较大规模的集体活动。学校要组织一次活动，牵一发而动全身，涉及活动开展的方方面面，包括方案制定、线路设置、内容选择、安全保障、人员配置、后勤保障等。学生安全是学校重点考虑的问题，很多学校出于安全责任风险考虑，会尽量减少学生集体的户外活动或具有挑战性的活动。基于以上因素，部分学校并没有从真正意义上把研学旅行实践教育放在与学科教学同等的地位，认为中小学生研学旅行只是学校教育的额外补充，未能认识到研学旅行实践教育活动对学生成长的深远意义。因此，研学旅行旅行实践教育课程计划是否能有效实施与学校认知有较大关系。此外，研学旅行在实施过程中还会遇到组织管理难度大、研学经费难以筹集、教学实施难以开展等重重困境。面对一系列困难时，能否做好学生、家长的相关工作并得到积极支持至关重要，学校及老师的重视程度以及组织分工、沟通协调、实施效果评价等工作也是其中的关键因素。

三、中小学生是主体因素

中小学研学旅行服务主体是中小学生，活动线路设置、活动内容选择、方案制定等相关工作都应为中小学生设计，相关内容设置要符合不同阶段学生的年龄特征和认知水平，否则研学活动开展难以达到预期效果。中小学生是研学活动开展的主体，是研学活动的亲历者和体验者，研学活动开展内容设置及活动开展的质量和水平直接影响中小学生对研学旅行活动的认知、参与度及效果。所以，在进行研学旅行活动方案制订、目标设定、内容选择、效果评价时，应充分考虑到学生的主体地位，让学生学会亲自感悟、思考、体验，重新审视自我、塑造自我，围绕活动主题，主动参与体验，从活动中进行知识与信息的加工，生成有价值的问题，充分发挥学生主体的能动作用，实现学习意义的建构，这样，研学旅行工作才能得到有效推动。

四、家校协同是重要因素

根据教育部等 11 部门印发的《关于推进中小学生研学旅行的意见》要求，在组织管理方面："学校自行开展研学旅行，要根据需要配备一定比例的学校领导、教师和安全员，也可吸收少数家长作为志愿者，负责学生活动管理和安全保障，与家长签订协议书，明确学校、家长、学生的责任权利。"在经费筹措方面："各地可采取多种形式、多种渠道筹措中小学生研学旅行经费，探索建立政府、学校、社会、家庭共同承担的多元化经费筹措机制。"在建立安全责任体系方面："学校要做好行前安全教育工作，负责确认出行师生购买意外险，必须投保校方责任险，与家长签订安全责任书，明确各方安全责任。"在宣传引导方面："各地要积极创新宣传内容和形式，向家长宣传研学旅行的重要意义，向学生宣传"读万卷书、行万里路"的重大作用，为研学旅行工作营造良好的社会环境和舆论氛围"。由此可见，在研学旅行活动开展的各方面家长与学校的协同配合起着非常重要的作用，要高度重视家长对学校工作的支持，从协议的签订、经费的筹措、活动意义的认识等方面都需要家校协同配合，家校协同在推进研学旅行方面起着举足轻重的作用。事实证明，只有获得家长的支持，家校协同配合较好的情况下，研学旅行工作才能有效推动并实施。

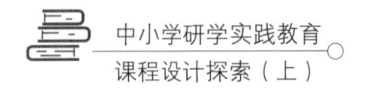

在实际实施过程中，家长以下顾虑及认知影响研学工作推进：

（一）担心孩子的成绩

有些家长担心开展研学旅行活动会影响孩子的成绩。家长的认知不足，加之长期以来，家长普遍认为研学旅行、综合实践、劳动教育等课程相较于学校学科课程来说，学科教学更为重要，家长较关注的是孩子的成绩，研学旅行只是单纯地让孩子们出去游玩，孩子的学习时间得不到保证，影响孩子的成绩。

（二）考虑孩子的安全

孩子外出的安全问题也是很多家长所考虑的。由于研学旅行活动参与学生人数多，每次外出少则几十人，多则几百人，大量的学生集体外出，在校外活动多日，学生每日的饮食、住宿、交通以及各种参观考察等活动都涉及安全问题，而每次带队外出的老师人数有限，家长担心孩子较小，自理能力差，老师照顾不过来，随时可能出现各种安全事故。

（三）经费筹措的问题

目前，国内研学活动主要经费来源于学生家长支付，有的地方政府会有补贴或限价等财政政策，有的大型企业或景区也会以公益价格提供产品和服务。从实践来看，未来我国还需探索建立政府、学校、社会、家庭共同承担的多元化经费筹措机制，以最大限度减轻家长压力，扫除学校研学旅行活动组织障碍。

（四）家长对研学的认知不足

中小学生研学旅行是学校教育和校外教育衔接的创新形式，是教育教学的重要内容，是综合实践育人的有效途径。开展研学旅行活动，有利于促进学生培育和践行社会主义核心价值观，激发学生对党、对国家、对人民的热爱之情；有利于推动全面实施素质教育，创新人才培养模式，引导学生主动适应社会，促进书本知识和生活经验深度融合；有利于加快提高人民生活质量，满足学生日益增长的旅游需求，从小培养学生文明旅游意识，养成文明旅游行为习惯。广大中小学生在研学活动中感受祖国大好河山，感受中华传统美德，感受革命光荣历史，感受改革开放伟大成就，增强对坚定"四个自信"的理解与认同；同时学会动手动脑，学会生存生活，学会做人做事，促进身心健康、体魄强健、意志坚强，促进形成正确的世界观、人生观、价值观，培养他们成为德智体美劳全面发展的社会主义建设者和接班人。因家长对开展研学活动目的意义理解不深、认识不够，在工作中仍需要学校及教育相关部门加强宣传，积极引导，必要时让家长参与到研学过程的实施、管理与评价中来，认识到开展研学活动对于学生综合能力养成的重要作用，提高对研学旅行活动的认知。

五、研学机构是质效因素

研学机构对研学旅行的认知，师资、课程等建设水平和质量影响研学旅行活动的质效。自从教育部等 11 部门下发《关于推进中小学生研学旅行的意见》以来，很多企业开始转型研学市场，他们对中小学研学前景普遍看好。旅行社专门成立研学部，设立专人进行研学课程开发和研学旅行导师培训，建立专门的研学旅行导师团队，广泛涉足研学旅行各领域；景区景点也开始进行研学产品开发，培养专门导师团队，积极开展研学相关活动；一些企业改变原有的经营场地性质，转型研学旅行目的地打造，并依托第三方机构或本企业人员，开发出研学课程，积极申报各级各类研学旅行实践教育基地品牌，成为研学旅行承办单位及实施单位。目前，国内的研学机构数量庞杂，研学活动与教育的有机结合不足，对研学的理解处于较浅层次，导致研学整体实施效果和水平不高，学校、师生反映不好，尚未达到理想的状态。有的研学活动的目标和内容简单，形式单一，活动不够深入，教育意蕴不足。学生在参与过程中兴趣不高，比较被动地走完行程，收获不大，存在"只旅不学"的现象，活动效果不理想。有的过分强调让学生带着学习任务外出，注重充分挖掘本次活动与学校学科知识的结合点，设置很多与学科教学相关的任务单，设计出内容繁多的任务内容让学生填写。这样就导致学生在研学过程中忙于答题，忽视了在活动中的感受和体验，致使学生参与活动的兴趣下降，效果不佳。这种"游""学"失度现象，归根到底是对研学实践教育内涵及本质的理解的浅层次化，对研学目标任务把握不准而导致的。因此，要加强研学机构（旅行社、景区景点、研学基地等）对研学本质与内涵理解。

六、部门联动是合力因素

教育部等 11 部门下发《关于推进中小学生研学旅行的意见》明确了教育、

公安、财政、交通等 11 部门的主体责任，从将研学旅行纳入课程计划及研学旅行基地建设、组织管理、经费筹措、安全体系、统筹协调、督查评价、宣传引导等方面作了详细任务分解，旨在联动不同部门形成研学旅行工作的合力，共同推动研学旅行事业的发展。

2021 年 5 月，在四川省乐山市召开了全省研学旅行大会，17 个省直相关部门、21 个市（州）分管领导及文旅、教育部门主要和分管负责人，研学基地、中小学、研学运营机构以及研学专家代表等参加了此次大会。会议要求全省从思想、政策、标准、组织保障、学校和基地实践等方面进一步深化认识、完善措施，形成部门协同合力，促进四川研学工作快速发展。会上发布了《四川省教育厅等 14 部门关于进一步推进中小学生研学旅行实践工作的实施意见》，同时，全省研学旅行管理服务系统正式上线。这是四川省政府牵头，加强部门联动共同推进研学工作有效实施的重要举措。

通过部门联动、多方合作整体推进研学工作，形成实施研学工作合力，明确中小学研学旅行不是教育部门单打独斗，需要多个政府部门协作，需要社会机构参与，也需要民间助力、家长支持等多种要素协同等。只有这样，才能推动研学旅行顺利开展。

七、研学基地是保障因素

教育部等 11 部门下发的《关于推进中小学生研学旅行的意见》要求：要加强研学旅行基地建设，各地教育、文化、旅游、共青团等部门、组织密切合作，根据研学旅行育人目标，结合域情、校情、生情，依托自然和文化遗产资源、红色教育资源和综合实践基地、大型公共设施、知名院校、工矿企业、科研机构等，遴选建设一批安全适宜的中小学生研学旅行基地。因此，建设适合中小学开展研学旅行活动的基地及研学目的地至关重要，它能够为研学旅行提供场地保障。研学基地受文化和自然景观、研学费用、基地形象、社会环境和安全因素等多种因素影响，在进行基地建设的时候，要综合考虑这些因素。费用过高、形象不好、治安环境差等，自然会影响研学基地声誉。同时，在打造研学旅行基地的时候，相关企业及研学基地要结合现有资源进行筛选，根据学生的年龄特征、兴趣及认知进行基地建设，选择合适的研学资源进行开发，吸引学生，要关注学生的兴趣点。要根据不同学段的研学目标，有针对性地开发多种类型的研学活动课程，要突出祖国大好风光、民族悠久历史、优良革命传统和现代化建设成就等，加强对学生进行理想信念教育、爱国主义教育、革命传统教育、国情教育。如四川唐家河自然保护区适合自然生态研学，北京、西安适合历史文化研学，侵华日军南京大屠杀遇难同胞纪念馆适合爱国主义教育研学，长城适合民族悠久历史文化研学等。

八、课程建设是核心因素

课程化建设是实施研学旅行实践教育的核心内容。研学基地要根据小学、初中、高中不同学段的研学旅行目标，有针对性地开发自然类、历史类、地理类、科技类、人文类、体验类等多种类型的活动课程。课程化是研学旅行实践教育区别于其他旅游市场的关键特征，是目前开展研学实践教育所关注的焦点，一个研学基地如果没有自己的原创课程，它的生命力就不强，只是一个客观的存在，就进入不到研学教育的行业里。学生到基地研学，没有明确的主题，没有规范的活动流程、没有达成目标的设定，到了基地只是简单地走马观花，没有实际意义，因此，课程建设是研学实践教育的核心和灵魂，其内容选择、流程设计、理念运用、行前引导、行中执行、行后评价等，是一个完整的链条。

九、其他因素

研学旅行活动是否能有效开展，除了上述相关因素外，还包括基地研学导师的业务能力和水平、当地食宿企业的接待能力和服务质量、研学基地形象、研学动机与行为、研学活动实施质量与效果、研学活动实施方式、异地间的跨文化差异、时令季节的限制、学校课程计划的安排、恶劣气候及流行疾病等多种因素。

第五节 研学旅行与旅行（旅游）

一、研学旅行

研学旅行实质上是学校教育和校外教育衔接的创新形式，也是学校教育教学的重要内容，是综合实践育人的有效途径。研学旅行的主体是学生，最终落脚点是教育，要实现育人目的。

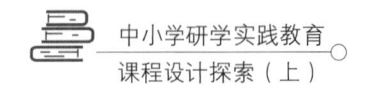

研学旅行主要是在研中学，在实践中学，在学生亲身经历的现实生活中学。"研学"可以理解为研究性学习，是以学生为中心，在教师的指导下，让学生真正走出校门，在现实世界中主动提出问题、主动探究、主动学习归纳式学习的过程。在此过程中，通过科学探究、参观考察、实践体验、手工制作等多种手段来主动地分析、发现、解决问题，生成自己的认识和体验，创造性地获取知识和经验，是研究性学习和旅行体验相结合的校外教育活动。研究性学习的性质决定了其学习必须根植于学生的现实生活，通过参加研学实践教育活动，让学生在快乐中学习，提升其社会实践能力、锻炼独立自主解决问题的能力、增强自信心等。同时，也可以在活动中认识新的朋友，增进友谊，提高团队协作意识，感受团队荣誉。

二、旅行（旅游）

旅行的具体定义在旅游界讨论较多，旅行又可称作旅游，没有形成较为统一的概念，在大多情况下旅行和旅游都被认为是同一个概念。世界旅游组织将旅游定义为旅行者以非经济性目的到常住居住地之外的地方进行短期限的活动。德国学者莫根罗特认为是旅游者出于生活和文化需求，以文化作为消费品到异地驻留并产生文化和人际交流的活动。旅行是一种休闲体验活动，旅行者以寻求愉悦体验为根本目的，它具有休闲性、暂时性、异域性等特征。旅游更多的是以盈利为目的，把一些旅游线路、资源等当作一种产品向社会推介，实现旅游收入。

三、研学实践教育与旅行（旅游）

旅行是一种休闲体验活动，旅行者以寻求愉悦体验为根本目的，它具有休闲性、暂时性、异域性等特征。而研学实践教育除了具有旅行的上述本质外，还具有自己的特性。

（一）主体的发展性

主体的发展性是指在实施研学实践教育活动时，实施的对象或主体为在校中小学生，实施这项实践教育活动的目的意义在于塑造学生健全人格，促进学生全面发展、健康成长，提升其综合素养，从这个意义上讲，研学实践教育活动有明确的主体性，同时更注重对主体的塑造与发展，具有发展性和可塑性。

（二）目的的教育性

目的的教育性是指研学实践教育的目的主要出于教育求知的需要，让中小学生走出学校，开阔眼界，增长知识，促进身心健康、体魄强健、意志坚强，促进形成正确的世界观、人生观、价值观，培养他们成为德智体美全面发展的社会主义建设者和接班人，着力提高他们的社会责任感、创新精神和实践能力，从而实现立德树人，全面培养人才的根本目的。因此，现在针对中小学生开展的研学旅行活动，在教育界普遍称为研学旅行实践教育活动。

第六节 研学旅行与学校教育

一、学校教育

学校教育是狭义上的教育，指由学校专门组织，教育者根据一定的社会要求，有目的、有计划、有组织地对受教育者的身心施加影响，把他们培养成社会所需要的人的活动。广义上的教育是指影响人的身心发展的社会实践活动，即凡是增进人们的知识和技能，影响人们的思想品德的活动都是教育。

二、研学旅行

中小学生研学旅行是由教育部门和学校有计划地组织安排，通过集体旅行、集中食宿方式开展的研究性学习和旅行体验相结合的校外教育活动，是学校教育和校外教育衔接的创新形式，是教育教学的重要内容，是综合实践育人的有效途径。开展研学旅行活动，有利于促进学生培育和践行社会主义核心价值观，激发学生对党、对国家、对人民的热爱之情；有利于推动全面实施素质教育，创新人才培养模式，引导学生主动适应社会，促进书本知识和生活经验的深度融合；有利于加快提高人民生活质量，满足学生日益增长的旅游需求，从小培养学生文明旅游意识，养成文明旅游行为习惯。

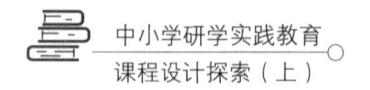

三、研学旅行与学校教育的共性与特性

（一）共　性

研学旅行与学校教育都是由教育部门和学校组织的，都属于教育教学范畴，都能增进学生知识和技能，促进其身心发展，影响其思想品德的教育活动，二者在本质上是一致的。

（二）特　性

研学旅行采用集中出游、集中食宿方式开展，将研究性学习与旅行体验相结合，其实施的空间在校外，时间是短暂的，主体是可变的，人员是不定的。学校教育实施的场所在校内，教学环境相对封闭，受教和施教人员相对固定，教学体系是成熟完善的，阶段性教学目标任务是明确的。

随着社会的发展与进步，人们的精神需求、教育观念、学习方式等不断改变，终身学习是当今社会发展的主流，同时，一个人的学习已不再局限于学校系统的正规学习，更大程度上要接受校外的非正式学习。研学旅行在坚持实践性原则基础上，根据地域特色，因地制宜，引导学生走出校园，在与日常生活不同的环境中阔展视野、丰富知识、了解社会、亲近自然、参与体验。这种学习方式将教育与研学实践有机结合，让学生在特定情境下习得的知识和技能，通过真实的情境来进行直接经验的习得，使之成为培养、教育公民的有效手段。

第七节　开展研学旅行对学生成长的意义

研学旅行作为校内教育和校外教育相结合的创新形式，是教育与旅游的跨界融合，具有活动参与者的主体性、活动组织者的多元性、活动目的的生活化和实践性、学习方式的体验性和探究性、学习资源的丰富性等特征。它以旅游作为载体，利用自然和文化遗产、红色旅游资源、科研机构及各种场馆等研学资源，以探究性学习、实践考察作为主要形式，在真实的社会情境和学习情境中，让学生通过体验、感受和反思等活动，主动探究和获取知识，获取最真实的体验。它打通了学校教育与校外教育的屏障，通过旅游观光、社会考察、参观访问等形式,让中小学生游历祖国大好河山,领略山河与自然之美,了解国情、省情、市情、乡情,了解历史与风土人情,在真实、愉悦的生活情境之中,放松身心,开阔眼界,增长知识,锻炼实践技能,培养社会生存能力,提高人际交往能力,培育和践行社会主义核心价值观,实现课本知识与现实社会的深度融合,推动素质教育的实施。

一、沟通学校教育与现实生活

约翰·威提出"教育生活化"的主张,倡导学校教育要与学生的现实生活相联系。陶行知在此基础上提出"生活教育化",认为生活具有教育价值,生活处处充满教育意义,广阔天地都是教育的场所。20世纪以来,"教育生活化""教育与学生现实生活相联系"的主张成为各国教育发展的共同趋势。研学旅行以旅行为载体,以研学为主要方式,以学生生活的世界、自然、社会和历史文化古迹为教育资源,深度挖掘学生生活中可利用的教育资源,让学生在真实的情境中去考察、去探究、去思考、去体验,从而丰富自己的知识积累,拓展自己的知识空间,增进对生活世界的认识和了解。

研学旅行作为一种校外教育活动,是对学校教育的有效补充,是对"教育生活化""生活教育化"理念的践行,将学生的学习场所拓展到校外广阔的天地中去,学生生活的世界、自然、社会、历史文化古迹等被纳入学生学习的范围,真正实现了教育的生活化,有效沟通了学校教育与现实生活。

二、增强学生综合素质

传统的教育注重书本知识的学习,研学旅行实践教育活动的实施是对学校教育的有效补充,是发展、提升学生综合素质的重要途径。

(一)有助于培养学生的实践能力和交往能力

马克思说:"人是一切社会关系的总和。"人在社会交往中实现自己的人生价值而社会化,成为现实中的人。人际交往是个人社会化的起点和必经之路,研学实践教育的过程实际上也是社会化的过程,活动中,中小学生接触到不同地方的风土人情,拓展其人际交往面,与不同的社会成员进行良好的互动和交流。同时集体旅游、集中食宿的方式有助于增进同伴之间的交流,使学生学会正确处理人与人之间的各种关系,在真实的人际情境中培养和提

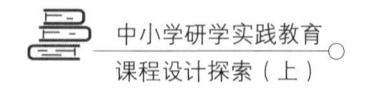

高自己的交往能力和实践能力。

（二）有助于提升学生的独立能力和生存技能

在研学旅行实践教育活动过程中，学生离开父母和家人到异地开展短期的研学实践教育活动，这对学生来说是一次难忘的经历和宝贵的成长机会。在活动过程中，学生负责自己的饮食起居，处理活动过程中的各种问题，化解活动过程中的各种矛盾，解决活动过程中的实际问题。通过一系列问题的解决，有助于培养学生的独立能力和生存能力，培养良好的生活习惯，在活动中成就自己，成长自己。

（三）有助于增强学生实践能力和探究能力

研学旅行实践教育作为一种校外社会实践活动，为学生实践能力的培养提供了有效的途径。学生在实践教育活动过程中，通过探究性学习、实地考察、实践体验等方式，让其在真实社会情境中，以实际社会问题为研究对象，探究解决生活和社会实际问题，在此过程中，有效地培养其解决实际问题的能力，增强其探究能力和实践能力。

三、提升学生的生命质量与品质

研学旅行实践教育以学生外出旅行为主要活动方式，让学生在轻松愉悦的环境中学习和探究，这种寓教于乐的旅行经历对学生是一次难忘的体验，它具有以下作用。

（一）有助于缓解学习与生活压力

娱乐性与休闲性是所有旅行所具有的本质特点，研学旅行实践教育作为旅行的下属概念，也具有娱乐和休闲的本质。开展研学旅行实践教育活动，学生在与大自然、社会的亲密接触中，感受祖国大好河山，感受中华传统美德，感受革命光荣历史，感受改革开放伟大成就，增强对坚定"四个自信"的理解与认同。学生在活动中学会动手动脑、学会生存生活、学会做人做事，促进身心健康、强健体魄、意志坚强，促进形成正确的世界观、人生观、价值观，享受旅行的快乐，有助于缓解学生在学习和生活中的压力，调节身心，形成积极健康的人生态度。

（二）有助于引导学生形成正确的休闲观念

教育的目的除了要教学生知识，更要使学生懂得如何去生活，体验生活的美好，研学旅行便以此为契机，响应国家关于对中小学"减负"政策，在实践活动中让中小学生体验研学旅行的轻松愉悦，同时在愉悦中对学生进行休闲教育，引导学生形成积极向上的休闲方式和休闲观念，提升休闲生活质量与品质。

（三）有助于形成正确的自我认知和理性的社会交往能力

在研学实践教育的过程中，学生通过集体生活、社会考察、共同探究等与社会不同人群交往和接触，通过观察、信息收集、整理、分析、判断等一系列的实践体验，这对学生来说也是一次锻炼交往技能和认识自我的过程，是学校教育难以创造的真实情境，有助于学生交往能力和表达能力的提升，形成正确的自我认知和理性的社会交往能力。

第四章　研学旅行课程建设思路

第一节　研学旅行课程建设离不开顶层设计

教育部等 11 部门下发的《关于推进中小学生研学旅行的意见》要求："各地中小学要把研学旅行纳入学校教育教学计划，开发一批育人效果突出的研学旅行活动课程。"这是教育部门关于研学实践教育课程定位及建设的顶层设计。同时要求："要精心设计研学旅行活动课程，做到立意高远、目的明确、活动生动、学习有效，避免'只旅不学'或'只学不旅'的现象。"对于教育行政来说，研学旅行实践教育顶层设计的四梁八柱已经搭建，但对于地方中小学校及研学机构仍存在较多问题，如何理解、定位与实施也就变得至关重要。

一、建设现状

我国学术界对"研学旅行"的研究存在起步晚、理论基础薄弱等问题，且国内对研学旅行的相关研究多是从旅游学的视角出发进行探讨，较少从课程与教学的视角去探讨，其课程尚停留在现象探讨层面，缺乏系统的理论研究与建构。研学旅行实践教育课程无规范的课程结构模式，在课程实施过程中，有的研学基地、学校为了研学而研学，活动课程实施流于形式，更多地把研学旅行实践教育活动看作一种校外纯玩的活动，教育意蕴不足，育人价值未得到充分体现。

二、存在的问题

课程的开发与设计是研学旅行活动是否能顺利实施的重要环节。从中小学研学旅行实践教育的活动实施情况来看，存在认识不足、师资缺乏、功利化教育、"游""学"失度、资源利用浅层化等问题。很多地方课程建设滞后，影响研学旅行活动的质效。

（一）认识不足

很多学校教师及研学机构未深刻认识到研学实践教育对于学生发展和学校课程改革的重要意义和价值。对于学校而言，认为研学实践教育在学校层面常常是可有可无的存在，更多的学校把研学实践教育作为一种"活动"，而不是一门"课程"去规划和设计；对于研学机构或旅行社而言，主要是把其作为一个旅游产品进行实施，以盈利为目的。

（二）师资缺乏

很多地方对研学旅行实践教育重视程度不够，导致在具体实施过程中大打折扣。从学校层面来说，在人力、物力、资金保障等各方面跟不上研学实际需求，相关投入和配备不能及时到位。虽然有的学校也试图进行研学旅行实践教育课程的相关建设，开始也搞得轰轰烈烈，但在执行的过程中就会遇到课程规划、实施、专业人才需求匮乏、经费投入不足等问题，最后导致课程建设只能搁置。

（三）功利化教育

目前，很多地方学校仍然采取以成绩定业绩的教育模式，学校业绩考评是影响学校对课程重视程度的一个重要因素。教育部门虽然要求各学校开设研学实践教育课程，但缺少政策层面的监督和考评，这给了学校极大的选择权及弹性空间，致使研学旅行实践教育游离于学校课程体系之外。加之学校常规教学计划已经安排得满满当当，难以安排太多的时间去开展研学旅行活动，导致研学旅行实践教育课程建设也举步维艰。

（四）"游""学"失度

有些校外教育基地（营地）、学校及研学承办机构对于研学实践教育的理

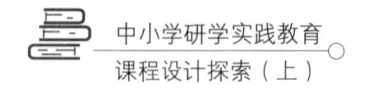

论基础、理念价值、教育目标和方法缺乏理解和认识，对课程组织缺乏整体的组织与规划，实施手段及方式背离教育规律，在课程组织实施中不能正确处理"游"与"学"之间的关系，在研学旅行实践教育活动中常常会陷入"只学不游""只游不学"两个极端。"只游不学"就是将研学实践教育活动当作一种校外娱乐活动来开展。比如有些学校将研学实践教育目的地选在一些游乐场所，只管孩子们玩得高兴，完全失去研学实践教育本有的教育价值。有些学校、校外基地等虽注意到了研学旅行实践教育活动对于丰富学生体验的意义和价值，在研学活动中设置了丰富多彩的活动内容，但过于注重活动形式的丰富性、活动内容的多样性、活动氛围的娱乐性，轻视了活动的收获与教育意蕴。他们认为只要活动组织有序，学生参与积极性高，玩得开心，就算是一次成功的活动。这是当前校外研学旅行实践教育和旅行社在市场竞争氛围之下所追求的目标。本来在一个地方有很好的研学教育资源（历史文化底蕴、建筑特色、传统文化等）可开发利用，由于对资源挖掘不深，在有的相关景区景点、研学基地的大部分时间都在做各种游戏，失去了研学旅行实践教育本有的教育意蕴。"只学不游"就是有些学校、基地、旅行社注意到了研学实践教育与传统春游、秋游的区别，但更注重"学"，过于重视研学实践教育的教育功能，行前由学校或者研学基地准备了繁重的研学任务清单，学生在研学过程中忙于完成清单上的内容，精神处于高度紧张状态，只是将课堂搬到了校外，并没有让学生获得轻松愉快的体验。

（五）资源利用浅层化

研学过程实际上是资源利用的过程，如何有效地利用资源，关系到研学质量与效果。课程资源在研学过程中至关重要，它是研学实践教育活动课程开展的重要依托，是课程重要要素来源和实施的必要条件。相较于其他学科课程，研学活动课程的开展对资源的依赖程度更大。目前，大部分学校、基地没有针对不同学段及年龄阶段的学生实际，对周边的研学课程资源进行实地考察、有效挖掘、详细规划、合理整合、科学实施，而是把研学资源的挖掘、课程建设、组织实施全权交予研学旅行实践教育机构或旅行社等校外机构，他们在选取研学目的地、课程建设、资源利用等方面必然会考虑经济因素，这在一定程度上也影响了资源选择的范围和利用程度与效果，导致课程资源的开发利用只能浅层次地进行。同时，在研学活动课程实施的过程中，研学导师的质量参差不齐，有些研学导师缺少相应的教育教学知识储备，教育教学手段、方法简单，更谈不上教学艺术，多数采用传统的"填鸭式"方式，每到一个景点，便将相关的知识和文化和盘托出，缺少动态生成以及对学生主体性的关注，缺少相关的教育教学专业素养，对研学活动开展教育意愿不足，这些也导致对研学课程资源的利用处于浅层，活动开展流于形式。

三、问题解决

要解决研学旅行认识不足、师资缺乏、功利化教育、"游""学"失度、资源利用浅层化等问题，应从以下几方面进行顶层设计。

（一）提升研学旅行的认知度，加强宣传推广

通过社交媒体、网络、教育论坛等多种渠道，广泛传播研学旅行实践教育活动的理念、价值和成果，以提高公众对研学旅行实践教育活动的认识和接受度，同时，定期举办研学旅行实践教育成果展览，向社会展示学生的研学成果和成长变化，增强社会对研学旅行实践教育的认可和支持。

（二）加快研学旅行的发展，借鉴国际经验

为加快我国研学旅行的发展步伐，在总结我国成功经验的基础上，可以借鉴国际经验，学习国外研学旅行先进的理念和做法，结合我国实际进行本土化创新，以推动我国研学旅行的快速发展。此外，还应选择有代表性的地区和学校开展研学旅行试点项目，通过实践探索和总结经验，为研学旅行的全面推广提供借鉴。

（三）加强研学师资队伍建设，提升活动质量

加强师资队伍建设对提升研学旅行实践教育质量也至关重要。为此，应加强研学师资培训，设立研学教育师资培训专项基金，用于支持教师的研学培训、课程研究、学术交流等活动。同时，与高校研究机构等建立合作关系，共享师资资源，邀请专家学者参与研学旅行实践教育活动的指导和培训，以提高教师的专业素养和水平。师资队伍专业素养和水平提高了，研学课程建设的质量也就提升了，活动实施的效果也就明显了，资源利用也就深入了。

（四）明确研学旅行核心目标，体现育人功能

针对功利化教育，应明确教育目标，强调研学教育的核心目标是立德树

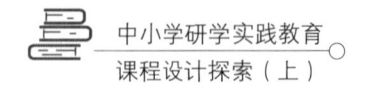

人、培养人才，通过研学旅行活动的开展，着力提升学生的社会责任感、创新精神和实践能力，而非短期成绩和效果。要更全面地优化教育评价体系，建立多元化、综合性的评价体系，注重学生过程性评价和表现性评价，减少对单一成绩的过分依赖，从而削弱以成绩定业绩的教育模式，更好地引导学生全面发展。

通过以上系列举措，才能更好地完善研学旅行课程的顶层设计与规划，更好地推动研学旅行实践教育活动的健康发展，为学生的全面成长提供有力支持。

第二节　课程开发与设计的重要意义

教育部等 11 部门下发的《关于推进中小学生研学旅行的意见》要求，将研学旅行纳入中小学教育教学计划。各地教育行政部门要加强对中小学校开展研学旅行的指导和帮助。各中小学校要结合当地实际，把研学旅行纳入学校教育教学计划，与综合实践活动课程统筹考虑，促进研学旅行和学校课程有机融合，要精心设计研学旅行活动课程，做到立意高远、目的明确、活动生动、学习有效，避免"只旅不学"或"只学不旅"现象。学校根据教育教学计划灵活安排研学旅行时间，一般安排在小学四至六年级，初中一、二年级，高中一、二年级，尽量错开旅游高峰期。学校根据学段特点和地域特色，逐步建立小学阶段以乡土乡情为主、初中阶段以县情市情为主、高中阶段以省情国情为主的研学旅行活动课程体系。根据小学、初中、高中不同学段的研学旅行目标，有针对性地开发自然类、历史类、地理类、科技类、人文类、体验类等多种类型的活动课程。在开展研学实践教育活动过程中，需开发一批育人效果突出的研学旅行活动课程。教育部明确要求，各地在开展研学活动的时候，把研学课程的开发与设计放在重要的位置，凸显其在研学活动中的重要作用。

研学实践教育不仅被纳入中小学教育教学计划，同时还作为一门课程纳入课程教育体系，它就具有和其他学科的同等地位，其课程的开发与设计成为不可缺少的一环。一个完整的课程设计，对于研学旅行活动的准备、实施，对研学指导师的培养、执教手段等都有着非常重要的指导意义。

一、课程体系是研学旅行活动的框架

课程需有一个课程体系的构架，针对课程实施应包括研学内容、目标、过程、评价、总结反思等。如果没有一个课程体系架构，研学旅行活动则是一盘散沙，漫无目的，更谈不上活动的实践性、学段的针对性、教育的目的性等，因此，研学旅行课程开发与设计是整个活动的总纲。同时，在进行课程设计时还应充分考虑经费、安全、制度等一系列保障的有效性及活动实施的方案或预案可行性等，课程开发与设计应总体部署，全面考虑，确保课程有效实施。

二、特色课程是研学旅行活动的灵魂

研学旅行实践教育课程与其他学科课程不同，其内容丰富，涉及面广。各学校、基地等应根据地方资源特点，结合学生实际进行课程开发与设计。课程实施是研学活动的灵魂，因此，应以课程为核心实施研学实践教育活动。优质的课程能确保研学活动有效进行，弥补研学旅行实践教育过程中教材的不足或没有教材的问题。目前，国家、省、市层面已出台实施意见，要求在开展研学旅行实践教育活动过程中，要开发一批育人效果突出的研学课程，具体涉及内容有自然类、历史类、地理类、科技类、人文类、体验类等多种类型。因此，在实施研学实践教育活动时，必须根据地方生活环境，以新课程标准和学科核心素养为设计依据，开发出适合本地本校学生使用的课程资源。

三、课程开发与设计促进教师的专业成长

在实施研学旅行实践教育活动的过程中，研学指导教师的能力和水平，对活动过程设计的整体把握以及对活动流程熟悉程度和教学策略的运用等都提出了较高的要求，为实施好、开展好研学旅行活动，首要任务就是要求研学指导教师能够结合研学目的地资源，开发出有特色、有针对性、有教育性、可操作性的课程。这就需要指导教师根据实际主动去钻研、去思考、去设计，在具体实施后，主动总结、反思，不断完善教学设计。这样，指导教师通过自己设计实施、不断总结完善、不断增强其实践能力，并从成熟走向优秀，让研学旅行实践教育活动内容变得丰富多彩，活动开展得生动有趣，达到预期效果。从这个意义上讲，课程开发与设计的过程也是培养和训练优秀指导

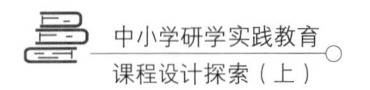

师的过程，能有效促进其专业成长。

四、完善的课程设计能增强指导教师的自信

常言道："巧妇难为无米之炊。"研学旅行实施没有资源是不行的，但有了资源没有经过整合提炼，无法内化而形成自己的行之有效课程方案，那只是死的资源，不具备生命力。课程开发与设计就是将这些资源整合、提炼、转化，内化为属于自己的具有生命力的课程资源的过程。研学指导教师有了这些完善的课程设计，犹如百姓手中有粮，心中就有了底，实施过程中心里就不慌，活动开展便能游刃有余，自信满满。

五、课程开发与设计能集思广益，集各家之精华

正如学校的课堂教学一样，教师设计出一堂课，要查阅相关资料，要借鉴别人优秀的课案设计思路及原理等。课案设计完成后，一般还要试讲，听取别人的意见，集各家意见进行完善，形成成熟的课堂教案。研学旅行实践教育课程开发与设计也是一样，在进行课程开发与设计时，教师需要对资料进行收集与整理，借鉴别人优秀的课案设计思路、听取好的意见建议，不断完善与优化，确保课程设计方案科学有效，在实施过程中更具有可操作性。

第三节 研学旅行课程建设理念

研学旅行实践教育的基本理念是进行课程建设的基础，具体体现在以下几个方面：

一、突出学生主体地位

研学旅行实践教育作为一门综合性、实践性的课程，它的开展离不开学生主体参与实践体验，学生是研学旅行实践教育课程的直接参与者和创造者。一方面是指学生是课程的直接参与者和实施者，另一方面是指发挥学生在课程实施中的主动性，让学生创造课程、完善课程、发展课程。课程本身具有"过程"和"发展"的含义，学生只有与课程发生对话，才能发生教育活动的质变，因此，学生是课程的主体。

研学旅行实践教育课程的开展过程是学生主动参与和主体建构的过程，需要学生"体验和实践"。作为一门实践性和体验性的课程，它离不开学生的主体参与、主动探究、自主建构、自我教育和自主发展。学生在真实的情境中，与情境对话、与事物对话、与环境之间进行经验的双向交流和建构，获得自我发展。从这个意义上来说，学生是研学旅行实践教育课程的主体，研学旅行实践教育活动是主体性的活动。

突出学生在课程中的主体地位，要求我们在课程设计和实施的全过程中关注学生的兴趣、爱好和需要。在研学旅行实践教育课程的设计阶段，立足于学生的发展需要和核心素养的培养来确定课程理念和总目标。在研学内容选择和设计上，发挥学生作为课程和活动主体应有的地位和作用。从活动主题的提出、活动方案的设计，到实施和总结交流阶段，都尽可能地让学生参与进来，发挥学生的主体性，充分尊重学生的兴趣、爱好和需要，从学生的实际出发。在这个过程中，教师进行适当的引导或指导，提高学生主体活动的有效性。

二、注重体验性的研究性学习

研学旅行实践教育课程的开展以学生的体验和实践为基础，注重学生的体验和实践，在课程中进行体验性的研究性学习是研学实践教育区别于其他学科课程的根本特点，丰富学生的体验、增进学生的阅历是研学旅行实践教育的基本目标。研学旅行实践教育依托旅行这种方式，让学生在真实的情境中去进行体验性的研究性学习，在这种真实的情境之中，学生去体验、去经历，丰富了自身的阅历，开阔了视野，打破了学校教育的局限，在情境体验和认识中进行知识的建构、经验的习得，并基于对环境体验的认知，激发探究的热情，对自己感兴趣的问题展开研究和探索，将体验与研究性学习相统一。

研究性学习作为研学实践教育的基本学习方式，赋予旅行以教育意蕴，以研究性学习作为研学旅行实践教育的基本学习方式，使研学旅行实践教育课程的开展得以规范化，学生不再是漫无目地地"乱逛""纯玩"，而是以研学课题和任务为引导，增强学生研学旅行实践教育活动过程的目的性，有利于学生对研学对象的深入了解和认识，克服旅行观光的表面性，使学生获得深度的体验和经验。此外，研究性学习作为一种基本的学习方式，使学生在旅行的过程中去尝试运用一般的研究方法和手段，体验研究的基本过程。通

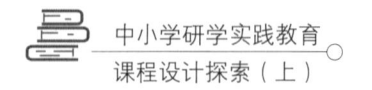

过研究性学习活动，培养学生的问题意识、研究能力和创新精神，形成良好的个性。

三、沟通学校课程与生活世界

研学旅行实践教育作为学校教育和校外教育衔接的重要形式，在教学形式、内容和空间上实现了对学校教育的有效补充和拓展，让学生真正走出校门，将学习的空间拓展到校外广阔的天地中去，将大自然、场馆和社会作为课堂，以自然万物和生活世界作为教材和学习的对象，真正实现学校教育与校外教育的有效衔接。面向学生生活，密切学生生活与现实世界的联系，增进学生对现实世界的理解和认识，是研学旅行实践教育课程的基本要求。研学旅行实践教育以旅行作为载体，超越封闭的课堂，将自然和社会资源作为丰富的课程和教育资源，在开放的空间和真实的情境中促进学生生动活泼地发展，增进学生对生活世界、自然和社会的认识、对自我的实际体验，开阔视野，丰富自身体验与直接经验。因此，研学旅行实践教育的开展要密切联系学生的生活背景与已有经验，从学生和学校的实际来挖掘和选择研学资源，精心设计和规划。

四、立足实践育人

研学旅行实践教育是实施素质教育的重要途径，也是促进学生道德养成、培育和践行社会主义核心价值观、发展学生创新能力的重要载体。教育部等11部门下发的《关于推进中小学生研学旅行的意见》指出："中小学研学旅行是综合实践育人的有效途径。开展研学旅行，有利于促进学生培育和践行社会主义核心价值观，激发学生对党、对国家、对人民的热爱之情；有利于推动全面实施素质教育，创新人才培养模式，引导学生主动适应社会，促进书本知识和生活经验的深度融合；有利于加快提高人民生活质量，满足学生日益增长的旅游需求，从小培养学生文明旅游意识，养成文明旅游行为习惯"。根据《意见》精神，研学旅行实践教育的课程建设要立足于实践育人这一根本出发点，发挥其育人功能，在增进学生对祖国河山和生活世界的了解和认识的同时，促进学生世界观、人生观、价值观的形成。

第四节　课程主题的来源

中小学研学旅行实践教育主题的来源主要有传统活动、本地及周边可利用教育资源、学生兴趣爱好三个方面。

一、与传统活动相结合

研学旅行实践教育活动主题的设计不能孤立于学校传统活动之外，不能与学校及当地其他活动脱离，否则会增加教师和学生的活动负担，造成学生研学实践教育活动低效、表面化且肤浅，在实施的过程中也会有很多的困难。学校在以往活动开展的过程中积攒了经验，比如：春游、秋游、夏令营、冬令营、共青团团队活动等，研学旅行实践教育课程与这些活动课程之间并不是独立存在的，而是具有一定的继承性和发展性。因此，可以以研学旅行实践教育课程的理念对这些学校的传统活动和德育活动进行发展和整合，以此为契机来生成研学旅行实践教育活动主题。

二、充分利用研学资源

本地及周边县域内可利用的教育资源既是研学旅行实践教育活动开展的物质基础，也是研学旅行实践教育主题设计的重要来源和依据。在进行研学旅行实践教育主题设计时要对本地及周边县域内可利用的教育资源进行挖掘，结合本地及周边县域内人文环境、自然环境、地域特色、场馆设置、可利用的人力物力资源进行统筹考虑，设计和确定研学旅行实践教育的主题。

三、兼顾学生兴趣爱好

学生作为研学旅行实践教育活动实施的主体，其兴趣爱好是研学旅行实践教育主题生成的重要来源。研学旅行实践教育活动过程具有生成性和开放性，学生在研学旅行实践教育过程中，由于学生兴趣爱好的不同，在研学过程中也会产生不同的研究问题和主题，从而生成不同的研究主题。因此，在进行研学旅行实践教育主题设计时既要统筹安排、做好计划，又要为学生研学旅行实践教育主题的生成留有一定的生成空间。

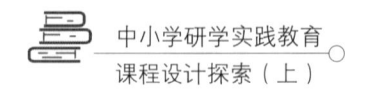

第五节　课程主题选择与确定

中小学研学旅行实践教育是以主题活动为主要实施方式，其实施和开展围绕主题进行。主题引导着研学旅行实践教育课程实施的方向，决定着研学旅行实践教育课程开展的方式与重点。研学旅行活动开展的效果及对学生产生的价值影响，很大程度上取决于对研学旅行实践教育活动主题的选择、设计与规划。

研学旅行作为一门综合性、实践性、生活化、开放性的实践教育活动，其课程涉及的内容和领域是丰富多彩的。这些内容领域在维度上可以分为"自然""社会""文化""自我"四个维度，研学旅行实践教育课程内容的组织、主题的确定基本可以围绕这四个维度进行，立足于"四个感受、四个自信、三个学会、两个促进、一个培养"来选择和设计研学旅行实践教育活动主题，从了解生活世界、提升综合能力、增强文化自信、培养社会生存能力四个方面展开，确保研学旅行实践教育课程主题的丰富性和教育性。

一、了解生活世界维度

生活世界维度是从人与生活世界的关联性角度出发来选择和确定研学活动主题的。研学旅行以旅行作为载体和主要方式，让学生走出校门，将社会、大自然和生活作为学习的场所，以增进对生活世界的理解和认识为主要目标之一。这一维度关注的核心是增进对自然世界的了解、对当代社会及社会现象的认识、对生存环境的关注。在确定这一类研学旅行实践教育主题时，可以结合当地的资源和特征，通过实地考察、参观、实际参与、主题探究等形式引导学生关注生活世界，在亲身体验和参观中增进对生活世界的认识和理解，提高社会责任感。以该维度为主题的活动有自然笔记活动、植物认知研学、探索自然奥秘、领略世界风情、探寻本地风土人情等。

二、提升综合能力维度

提升综合能力维度是从实践的育人教育价值出发来选择和确定研学活动主题的。依托研学旅行实践教育活动过程中的真实情境和丰富的资源，引导学生在真实的情境中锻炼多方面的能力。研学旅行实践教育活动情境具有复杂性、真实性、综合性、多变性等特点，这也为培育和锻炼学生多方面的能力提供了契机。从这一维度来确定研学旅行活动主题时，可以从学生多方面能力发展的角度出发来进行设计。通过考察探究、收集资料、调查访谈、团队协作等形式来锻炼学生的问题解决能力、组织协调能力、人际交往能力、灵活变通能力等。以该维度为主题的活动有探秘科技馆、研学科创、走进高新企业、生态研学、气象科普、生态环保等。

三、增强文化自信维度

增强文化自信维度是从感受中华传统文化美德，感受革命光荣历史的角度出发来选择和设计研学活动主题的。从这一维度来确定研学旅行实践教育活动主题时可以结合当地的爱国主义教育基地、文化历史古迹、革命纪念馆、人文物质和非物质文化遗产等方面出发挖掘研学旅行实践教育活动主题。主要通过实地参观、考察探究、情感熏陶等方式来增强学生对传统文化的自豪感和文化自信，培养其爱国主义精神。以该维度为主题的活动有国家宝藏寻访之旅、红色研学、历史文化研学、民俗风情研学、名校研学、地方文化研学等。

四、培养社会生存能力维度

培养社会生存能力维度是从发展学生的独立自主能力，锻炼生活技能的角度出发来选择和设计研学活动主题。当前大多数学生是独生子女，父母对孩子无微不至地照料和关爱在一定程度上也造成了学生生存技能的匮乏，缺乏独立生存能力。研学旅行通过外出旅行和集体生活为培养学生的社会生活和生存能力提供了有效的途径。这一维度的研学旅行实践教育活动主题可以从手工制作、农业劳作、职业体验、户外拓展等方面出发进行具体设计。以该维度为主题的活动有户外拓展、挑战自我、田间农场识五谷、角色扮演、职业体验等。

第六节　课程主题设计的原则

研学旅行实践教育活动主题在设计时要遵循以下原则：符合学生兴趣、可行性、体验性和教育性。

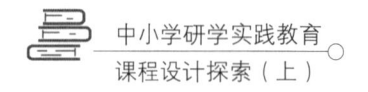

一、符合学生兴趣原则

符合学生兴趣原则是指在进行研学旅行实践教育主题设计时要充分考虑学生的兴趣爱好，从学生兴趣需要出发选择活动主题，组织课程教材内容，进行活动方案设计。学生是研学旅行实践教育活动过程中的主体，研学旅行实践教育活动主题只有符合主体的兴趣需要，才能激发学生参与的积极性和主动性。因此，在主题设计时，要突出学生的主体地位，让学生参与到研学旅行主题设计的过程中来，既要关注学生共同的兴趣爱好，又要兼顾学生个性化的兴趣和发展需要，以体现对研学旅行实践教育活动主题的充分尊重。

二、可行性原则

可行性原则是指在进行研学旅行实践教育课题选择和确定时要对活动主题开展的可行性进行充分考虑和论证。地方资源、学校安排、学生需求、经济情况均会影响研学主题实施的可能性，即学校能够利用的校外资源是否能够满足研学活动开展所需的资源条件，学校的教学计划、师资安排能否为研学活动实施提供充足的时间和保障条件，活动主题能否满足学生的发展需求，主题活动开展所需的经费预算是否充足等问题，这些都需要在活动中设计并在活动方案制定过程中充分考虑和论证。

三、体验性和教育性原则

体验性和教育性原则是指研学旅行实践教育主题既要满足丰富学生体验的需求，实现体验目标，又要丰富学生经验，且对学生具有教育意义。体验性和教育性是研学旅行实践教育的灵魂所在，如果设计的活动主题不能给学生带来丰富的体验和经历，不能助力学生成长，那么这样的研学主题活动是没有意义的。在进行研学旅行活动主题设计时，应立足于学生发展，从丰富学生体验和经验的角度出发，精选研学活动主题，引导学生认识世界，培养学生探究合作能力与问题解决能力，发展其核心素养。

第七节　课程目标的制定依据

关于研学旅行实践教育的课程目标问题，从本质上来说，是课程实施中的价值判断与价值选择问题。为什么要开设研学旅行实践教育课程，研学旅行实践教育课程对人才培养模式的意义何在，对学生的发展有何影响等，这些都是在开发研学旅行实践教育课程过程中需要考虑的问题。

研学旅行实践教育课程是最能体现校本化理念的一门课程，只有研学旅行实践教育课程在学校层面扎实落地，才能真正实现其课程目标及教育价值。研学旅行实践教育课程目标制定的依据包括研学实践教育课程本身的理念和性质、学校的育人理念及课程发展需求、学生的发展需求、社会和生活的发展需求。

一、研学旅行课程本身的理念和性质是学校设计研学旅行实践教育课程目标的首要依据

教育部等11部门下发的《关于推进中小学生研学旅行的意见》提出，研学旅行旨在落实立德树人，帮助中小学生了解国情、热爱祖国、开阔眼界、增长见识，并提出"四个感受、四个自信、三个学会、两个促进、一个培养"。该《意见》将研学旅行看作校外教育与学校教育衔接的创新形式以及综合实践育人的有效途径。通过研学旅行增进对乡情、市情、省情和国情的了解和认识，提高学生的问题解决能力，致力于"四个感受、四个自信、三个学会、两个促进、一个培养"目标的达成。这些理念和性质都是学校研学旅行实践教育课程目标制定的首要依据。

二、学校的育人理念及课程发展需求

研学旅行实践教育作为一门最能体现校本化理念的课程，在进行研学旅行实践教育课程目标设计时，需结合本校的教育理念和办学理念进行校本化设计和开发。研学旅行实践教育课程目标的校本化，是学校层面对研学旅行实践教育的价值判断与价值选择问题。学校为什么要开设研学旅行实践教育课程，对本校学生的发展作用与意义，如何借助这一课程助力学校育人理念和目标的实现，研学旅行实践教育课程在学校育人目标的大框架下如何定位等，这些都是制定课程目标需要思考的问题。研学旅行课程目标应与学校育人理念具有一脉相承性，从学校课程结构优化和课程发展的角度定位研学旅行实践教育目标，只有这样，才能使研学旅行实践教育课程深度融入学校课程体系，成为学校课程的一部分。

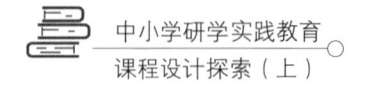

三、学生的身心发展需求

学生是研学旅行实践教育课程实施的主体，也是研学旅行实践教育活动实践的主体，因此，研学旅行实践教育课程目标的制定要考虑学生的身心发展需求，在目标制定的过程中，要关注学生身心发展的需求，服务于学生的全面发展。从学生素养和能力发展现状寻找课程目标设计的逻辑起点，致力于学生核心素养、创新能力以及探究能力的发展，尊重学生的兴趣和需要。

四、社会和生活的发展需求

社会和生活的发展需求是课程目标制定的外部影响因素和动力因素。交通的便捷与信息时代的发展，使旅行成为一种生活方式和状态。旅行技能是社会和生活发展对研学旅行实践教育提出的新需求。通过开展研学旅行实践教育活动，使学生具备时代必需的交往能力、信息获取能力，为学生实践能力的锻炼和文明旅游意识的培养打开了一扇大门，在制定研学旅行实践教育课程目标时要统筹考虑社会和生活发展对人才培养提出的新要求，赋予学生适应时代和生活所需的能力和素养。

第八节　课程目标的确立

课程目标是课程建设和实施的出发点和最终落脚点，也是确定课程内容、选择课程实施方法、检验课程实施效果的根本依据。如果脱离教育目的，缺乏合理的课程目标，那么开设的课程就可能在内在上缺乏整体性与连贯性，显得零碎、杂乱，进而影响人才培养的质量。

一、核心目标

根据教育部等 11 部门下发的《关于推进中小学生研学旅行的意见》精神，我们要明确"四种感受、四个自信、三个学会、两个促进、一个培养"的内涵，这是研学旅行实践教育的核心目标。"四种感受"即对祖国大好河山的自豪感、对中国传统文化和美德的亲近感、对革命光荣传统的崇敬感、对改革开放伟大成就的认同感。"四个自信"为道路自信、理论自信、制度自信、文化自信。"三个学会"指学会动手动脑、学会生存生活、学会做人做事。"两个促进"是指促进身心健康、体魄强健、意志坚强，促进形成正确的世界观、人生观、价值观。"一个培养"是指培养中小学生成为德智体美全面发展的社会主义建设者和接班人。具体来说，就是让中小学生通过研学旅行活动感受祖国大好山河，增进对国情、省情、市情、乡情的了解和认识，激发学生对党、国家和人民的热爱之情；引导学生关注生活世界，增进学生对生活世界的理解和认识，关注生态、关注生活世界、关注人物关系，学会动脑动手，学会生存生活，学会做人做事。引导学生主动适应社会，促进书本知识和生活经验的深度融合；开阔学生眼界，弘扬传统文化，坚持立德树人，促进学生身心健康发展，形成正确的世界观、人生观和价值观。

二、维度目标

中小学研学旅行实践教育课程目标的类型可以分为三个维度：认知目标、情感目标、能力目标。

（一）认知目标

认知目标是指通过研学旅行实践教育活动的开展，学生在认知和经验方面所期待达到的质量规格或标准，如经验的增加、知识的增长、阅历的丰富、对事物及生活世界的理解和认识。

（二）情感目标

情感目标是指通过研学旅行实践教育活动的开展，学生对客观事物产生的主观情感体验，主要包括思想意识和个性品质等类型。思想意识主要包括情感体验和价值认同，如对祖国山河的热爱、对传统文化的认同和自豪感等，以及通过活动开展所产生的环保意识、生态意识、人本意识、社会责任感、合作意识等。个性品质主要体现为学生在研学旅行实践教育活动中所展现出的诸如坚忍不拔的毅力、独立自主的精神、勇于探索的勇气、谦逊包容的态度等品质特征。

（三）能力目标

能力目标是指学生在能力发展方面的质量标准和追求，体现了对学生能力发展的重视。研学旅行实践教育的能力目标主要体现在认知与思维能力、

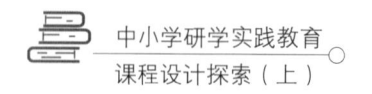

问题解决能力、交往与社会互动能力等维度。认知与思维能力包括收集处理信息的能力、自主获取知识的能力、创造性思维能力等。问题解决能力包括调查研究能力、方案设计能力、发现和解决问题的能力等。交往与社会互动能力是指在研学旅行实践教育的过程中，在与集体和他人共同生活及学习过程中发展出来的社会交往能力，如协调能力、规划能力、交往能力、管理能力、表达与交流能力等。

第九节　课程建设基本构成

课程建设是指根据精心计划的活动，开发和建构出一项体系化的课程，并将其提供给教育机构作为其教育方案的过程。包括课程目标的确定、课程内容的选择和组织、课程的实施与评价等阶段。课程建设是一项系统性的工程，既是课程蓝图的绘制过程，也是课程开展与实施的起点。课程建设的模式具有多样性，不同教育理念指导下课程建设模式也各不相同。其基本构成内容包括以下几点：

一、背景与需求

背景与需求，即课程背景、社会需求、学生发展需求和学校发展需求。课程背景分析是对课程出现及运行的大背景进行分析，即为什么要设立这门课程？对学生的发展有哪些不可替代性的必要价值？课程背景分析的过程是对课程价值及意义的探寻和明晰过程。学生发展需求是课程建设的首要基点，课程以满足学生的发展需求为宗旨。教育作为实现人社会化的活动，也要考虑社会需求，结合学生发展需求，确定课程建设的基本原则，以此作为课程建设的起点。

二、理念与思想

课程理念与指导思想，也可称作课程哲学，是关于课程目标、目的、价值与信念的阐述与诠释，是课程建设的关键框架和灵魂所在。缺乏理念与思想作为背景支撑的课程会显得支离破碎，在课程运行中可能会陷入矛盾状态。课程理念与指导思想引领着课程建设的方向和价值高度，是课程建设的重要前提。

三、目标确立

课程建设目标是对课程建设所期望成果的陈述，涵盖学生发展目标以及课程对学校课程体系创新的目标等，这些目标包括把研学旅行实践教育建设成为一门怎样的课程，对学生有何发展价值，对于学校的课程体系和校本课程建设有何重要意义，如何将研学旅行实践教育课程与学校课程进行有效结合等。

四、要素建构

课程要素建构是课程建设的重点和核心工作所在。课程要素的建构是对课程本体的建构，能明晰课程要素的内涵、具体内容、开发原则与方法、组织与设计，以及体系化的课程、规范化的运行制度等。课程要素构建包括研学旅行实践教育课程理念与目标的确定、研学旅行实践教育课程内容的组织与设计、课程资源的开发、学习方式与活动的设计、活动组织实施、活动效果评价等。

五、管理与评价

课程管理与评价是课程的保障与动力机制，通过建立相关的监管与保障机制以保障研学旅行实践教育课程的顺利开展，以评价促进课程的质量提升。

第十节　任务驱动，引领研学活动开展

中小学研学旅行实践教育活动不同于学校开展的春游、秋游活动，传统的春游、秋游活动以娱乐休闲为主，而研学实践教育则是寓教于乐，具有更多的教育内涵。如何避免陷入"只游不学"的误区呢？很多学校、基地（营地）采取的办法是以研学任务来引导研学旅行实践教育活动的开展，让学生带着问题和任务去旅行。如设计研学手册，在研学手册中布置相关的研学任务，要求学生在研学的过程中完成相关任务，并提交研学实物成果，如研学心得、研学笔记或者相关实物资料等。在任务设计过程中，应避免研学任务设计随意，脱离研学旅行实践教育主题和目标；避免任务形式老旧，无法满

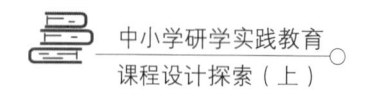

足学生个性化需求；避免研学任务过重，致使学生全程都在完成任务，体验性差，使学生产生排斥心理。

一、任务的作用

（一）强化教育内涵

学校传统校外活动包含春秋游、参观纪念馆、科技馆以及校外实践等活动。研学旅行实践教育活动区别于传统校外活动的主要特征是让学生在旅行中进行学习，游有所得，让学生带着问题和目的去旅行。以研学任务为驱动的实践教育模式，在活动中有针对性地设计了相关实践任务。这些任务的设立克服了传统校外活动的盲目性以及走马观花式观光的弊端，赋予旅行以教育意蕴。以任务为导向，让研学活动围绕一定的中心有序开展，活动过程不再是漫无目的地的闲逛，突出"学"的内涵。

（二）明确方向程序

带着任务去旅行让研学旅行活动的开展具有了明确的方向和程序，活动开展的重点和目的得以聚焦。任务是活动的先导，让学生在研学旅行过程中有针对性、有意识、有重点地去开展活动，能充分调动并发挥学生自主探究的积极性和主动性。让学生在研学过程中，结合研学任务有选择、有重点、有目的地进行实地考察、参观、资料收集、实物考证、提疑答疑。研学任务相当于课堂"导学案"的角色，为学生的研学提供了方向，指明了研学的目标和重点，使学生在研学过程中把握教育的目标，有序开展研学活动，自主进行探究，主动获取相关直接经验和知识，增长阅历和见识。

（三）提升研学质量

研学旅行打破了传统课堂的"教材、课堂、教师"三中心模式，将课堂延伸至校外广阔的天地中，以大自然和社会为教材资源进行自主学习和探究，本质上其更倾向于探究学习和自主学习。对于这种新型学习形式，确保和提升其教育活动质量的有效方式是以任务为驱动。研学旅行实践教育活动任务在一定程度上克服了传统的"只游不学"、活动组织随意、漫无目的等弊端，研学过程以任务为导向和线索，将整个研学过程串联在一起，形成一个整体。研学任务为学生的研学旅行实践教育活动指明了方向和研学活动的重点，引领着学生研学活动的开展，学生在完成任务、解决问题的过程也是学生进行主动学习和探究的过程，在此过程中，提升了研学旅行教育活动的质量，使学生真正研有所得，学有所获。

二、任务的基本类型

研学旅行任务在研学过程中发挥着重要的活动引领作用，同时也是研学成果总结和呈现的重要形式。研学任务类型多种多样，根据研学实际，可采用不同的划分标准，划分为不同的类型。如按照研学任务在研学活动中出现的时机可以分为：研学准备任务、研学探究任务和研学拓展任务；按照研学任务呈现的形式可以分为：任务卡、研学任务手册、研学绘本、研学笔记、研学心得、研学报告、小论文、手工制品等；按照研学任务所涉及的知识可以分为：学科研学任务、教材拓展任务、多学科综合任务；按照研学任务涉及的身心活动可以分为：体验层面的研学任务、知识获得层面的研学任务和能力发展层面的研学任务等。研学任务尽管从不同的维度可以划分为不同类型的研学任务，但都可以统一到研学活动的全过程之中，分为行前准备任务、行中探究任务和行后总结任务。

（一）行前准备任务

行前准备任务是指在研学旅行实践教育活动开展之前给学生布置的研学任务，其主要目的在于为研学活动做好相关准备，既包括物质层面的准备，又包括身心状态和知识储备层面的准备。对于学生来说，行前的物品准备工作是一次宝贵的生活技能学习机会。现今大多数学生都是独生子女或家庭条件比较优越，生活技能相对匮乏。故而，在行前给学生布置类似于"自己准备研学活动行李，做好研学行李清单"的任务是很有必要的。知识层面的准备任务则有利于增进学生对研学目的地历史、文化、自然风貌、风土人情等相关知识的了解，让学生能够自己找到感兴趣的问题和研学课题，带着问题去旅行，提升研学效果。

（二）行中探究任务

行中探究任务是研学过程中的重要导航，抓住研学任务的重点，发挥学生的主动探究精神，提高学生的注意力，让学生开动脑筋、活跃思维，实现

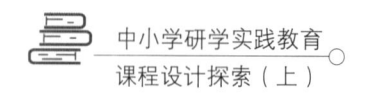

"寓教于乐"的育人实效。个性化的研学任务对于培养学生的创造能力、实践能力和问题解决能力具有重要价值。

（三）行后总结任务

行后总结任务是指在研学旅行实践教育活动结束后，学生需要完成的研学任务，主要是对研学过程中的体会和收获进行简要总结，进而实现反思和升华，也是研学成效的重要反馈。

三、任务设计的基本原则

（一）导向性原则

导向性原则是指研学任务要引导研学旅行实践教育活动的方向，指明研学过程的重点和目标。导向性是研学旅行实践教育任务的功能之一。研学旅行实践教育任务是否能够指导和引领研学活动，是在其任务设计时需考虑和遵循的基本原则。研学旅行任务设计只有紧密结合活动进程和目标，才能充分发挥其对研学旅行实践教育活动的导向作用。合理的研学任务设计能够引领研学活动的进程和方向，使研学活动有序开展。研学任务应体现和指明研学旅行实践教育活动的重点，比如研学目的地及其背后所蕴含的历史、文化、精神，研学活动的目标达成度等，这些都是在研学旅行任务设计时需要考虑的问题。

（二）体验性原则

体验性原则是指研学任务应导向学生经验的增长，引导学生自我探究和自主体验。体验性是研学旅行实践教育活动的重要特征之一，也是其独特价值所在。在设计任务时，这一原则有时容易被忽略，常常更注重对学生知识层面的引导，倾向于设计解决知识层面的任务，忽视对学生体验层面的引导，如通过研学旅行实践教育活动了解和获得的有关历史事实、地理知识、文化习俗、建筑科学等知识层面的内容。而体验层面的研学任务，如亲身感受和体验民俗艺术、欣赏人文景观、品尝和制作特色美食、歌舞戏剧欣赏等。在有的研学任务中，虽然在设计环节中设计了体验层面的活动，却并未将其纳入任务层面，这导致学生在研学过程中并未全身心去体验和感受，体验性欠佳。因此，在研学旅行实践教育任务设计时，应将体验性作为基本原则之一，引导学生通过任务全身心地去体验。

（三）多元化与个性化原则

学生是研学旅行活动的主体，在进行研学任务设计时，在类型和形式上应体现多元性和丰富性，同时给学生自主发挥和创造留下空间，充分尊重学生的个性和兴趣，发挥学生的特长，为学生展示自我风采提供平台和机会。多元化的任务设计既能照顾到不同年级和阶段学生的发展需求，又能充分体现对学生主体性的尊重，给学生以选择空间。研学任务不仅包括书面表达作业（如小论文、实验报告、心得体会等），还包括手工制作、绘画、拍照、模型制作等。研学任务应体现知识的综合应用，使学生尝试综合运用知识和方法来完成研学任务。在研学任务选择和成果呈现上，要给学生留下自由选择和展示的空间，使学生能够充分根据自己的特长和兴趣来选择和呈现研究成果。

（四）发展性原则

发展性原则是研学实践教育任务设计的出发点和根本立足点。遵循研学任务设计的发展性原则，在研学任务设计时要考虑学生的发展需求和接受能力，以研学任务作为驱动引领学生发展。通过任务引领，使学生在完成研学任务的过程中锻炼和培养自主学习、探究、问题解决、知识综合运用、人际交往、团队合作等多种能力。要起到锻炼这些能力的作用，研学任务设计的质量则至关重要。因此，在进行研学任务设计时，应减少知识和事实层面的简单任务的设计，而要设计具有综合性、开放性和能够锻炼学生思维和能力的任务，为学生综合运用所学知识解决问题、培养自主探究能力、发展学生的思维创造机会和空间。

第十一节 建立多元评价方式及完善的评价机制

教育部等11部门下发的《关于推进中小学生研学旅行的意见》要求："各地要建立健全中小学生参加研学旅行的评价机制，把中小学组织学生参加研学旅行的情况和成效作为学校综合考评体系的重要内容。学校要在充分尊重个性差异、鼓励多元发展的前提下，对学生参加研学旅行的情况和成效进行科

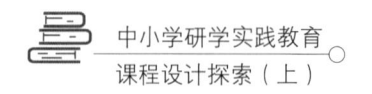

学评价，并将评价结果逐步纳入学生学分管理体系和学生综合素质评价体系。"

目前，研学旅行实践活动评价与学校对学生整体评价之间的联系及机制尚不健全，甚至相互脱离。各学校往往把研学旅行实践教育活动当作一项任务去完成，活动结束，任务完成，评价却近乎于无，活动草草收场。未将研学旅行实践教育活动评价结果运用到学生综合素质评价及成长中，没有注重评价结果的有效运用，评价标准和机制尚未建立。因此，在研学旅行实践教育活动中往往出现重活动轻评价的现象，由于缺乏完善的评价机制，活动成效很难得到有效反馈。

评价方式单一、评价机制不完善影响研学旅行实践教育活动效果。评价是研学旅行实践教育活动最后一个关键环节，是对研学旅行成效的评价和反馈。因此，在研学旅行实践教育活动评价过程中，应建立完善的评价机制，采取多元评价模式。为此，研学旅行实践教育活动课程评价方式及机制建设至关重要。通过实践总结，应从以下几方面进行完善。

一、注重直接经验和真实体验，注重系统性和过程性评价

研学实践教育课程不同于学科课程，学科课程主导价值在于通过课程使学生掌握、传递和发展人类创造和积累起来的系统的文化遗产，重视学科知识逻辑的系统性，以教师为主导去认识人类经验，强调终结性评价，侧重考查学生学习的结果。而研学旅行课程属于活动课程，是以学生从事某种活动为基础，以学生对活动的兴趣和动机为中心组织课程，从而获得对现实世界的直接经验和真实体验，强调各种有教育意义的学生活动的系统性，重视过程性评价，侧重考查学生学习活动的过程。因此，研学旅行课程在评价上应具有与学科课程不同的评价方式，注重直接经验和真实体验，注重活动的系统性和过程性评价。

二、突出学生的主体地位

在研学旅行实践教育活动开展过程中，常常存在如下一些现象：学校或研学基地往往会要求学生在活动结束后写一篇心得体会、作文、日记或完成活动手册等，以书面作业的方式对学生进行评价。这种只注重结果，以定性评价为主的方式，使得对学生参与活动的态度、积极性、组织能力、管理能力、实践能力、体验及收获等方面的评价被忽略。学生在活动过程中表现出

来的各种能力素养未能得到有效评价，不能很好地体现活动的实践性、过程性、体验性、综合性。活动评价重结果轻过程，这种单一的评价方式在一定程度上制约了学生研学的切身体验，具有主观性，忽视了研学过程中学生自身的评价和感受，学生的评价往往被排斥在评价主体之外。因此，在研学旅行活动过程中对学生的评价不能只注重结果，而应从学生的体验和感受出发，在活动参与的过程中以学生为主体进行评价，包括学生参与活动的态度、积极性、组织能力、管理能力、实践能力、体验及收获等各个方面。

三、建立完善的多元评价机制

一是要充分尊重学生个性差异、鼓励学生多元发展评价。在活动的过程中要关注学生的参与度、组织能力、管理能力、实践能力、体验及收获等方面内容，综合各因素对学生参加活动的情况和成效进行科学评价。

二是要建立健全科学有效的评价机制。教育行政及学校应研发出评价标准及健全的评价机制流程，并将评价结果有效纳入学生管理体系和综合素质评价体系。

三是打破传统评价观念的影响。传统评价中教师处于评价中的主导地位，在评价方式上更注重结果评价和量化评价。因此，在研学实践教育评价过程中，要充分考虑研学实践教育课程的特殊性，打破传统观念的影响，应以学生为主体，注重学生的自评、互评及其感受，要以学生在研学旅行实践教育活动过程中所展现的各方面综合素养为依据，实施科学有效评价。

四是培养专业的评价人才。影响研学旅行实践教育评价结果除了评价方式、机制体制、传统观念等因素外，还有专业评价人才及团队因素。评价体系是一个系统工程，要对学生长远发展进行综合评价，有助于学生健康成长。因此，需要专业的评价人才及团队以专业理论知识作支撑，运用专业的评价手段和科学的评价方法对学生参与活动的情况作较为精准的评价。为此，培养专业的评价人才团队至关重要。

五是加强理论基础的学习。研学旅行实践教育在我国起步较晚，学校、研学基地等对于研学旅行实践教育究竟对学生有何种价值，能够促进学生哪些方面能力的发展，并非十分清楚。这也使得评价体系的指标和维度不清晰，教师处于茫然状态，理论支撑不足，导致其落地不实，理论与实践的结合不够紧密，致使研学实践教育缺乏生机与活力。

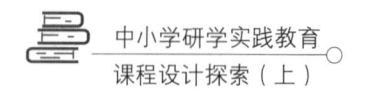

综上，研学旅行实践教育课程不同于学科课程，应有与学科课程不同的评价方式及机制，要避免研学旅行实践教育课程中出现评价方式单一、评价机制短缺等问题，要不断总结完善机制，采取多元化评价方式，有效推进研学实践教育工作发展，助力学生健康成长。

第十二节　课程团队建设

研学旅行实践教育活动的实施需要多方的协调与配合，其课程建设与实施离不开团队的协作与共同努力。专业、完备的研学团队是研学课程建设的保障，也是其实施和开展的必要条件。研学课程团队包括课程建设团队、课程实施团队、课程支持及保障体系团队等。

一、课程建设团队

研学旅行实践教育活动的课程建设的首要任务是建立专门的课程建设团队。以广元为例，形成以广元营地为引领，以学校教师、景区景点及研学基地的研学指导教师为推进研学旅行实践教育课程建设的中坚力量，组建课程建设团队，并各司其职。课程建设团队的成立，意味着将研学旅行实践教育作为专项工作来抓，汇集各方力量，集思广益。其主要职责在于对本地区研学资源进行整体的规划和建设，依据育人目标的要求，对研学课程实施的过程进行统筹规划，保障研学活动的实施。因此，建立体系化、科学化的课程体系，成立专业的课程开发和建设团队，协调校内外各种因素，保障课程的实施，建立制度化、常态化的规范，真正使研学旅行实践教育成为学校的一门课程，显得十分重要。

课程团队要深入研读并学习相关文件，结合政策精神，精心规划课程实施计划，确立初期方针。制定研学课程建设的实施计划和工作方针应以构建体系化、普惠性研学课程体系为目标，严格依据国家和地方的政策方针要求，结合实际，在继承学校传统活动课程的基础上，依托地方特色，充分挖掘周边教育资源，经与课程专家、研学导师、学校教师充分论证，构建起学段衔接、学科连接、校营对接的课程体系，将研学课程、校本课程及地方资源有机融合，制定具有目标性、必要性、系列性及可研究性的课程计划，促进研学实践旅行课程建设。

二、课程实施团队

课程实施是研学旅行课程的核心环节，与研学旅行实践教育活动目标的达成息息相关，也关乎学生在研学过程中真实的体验和收获。专业完备的课程实施团队是研学旅行实践教育活动得以顺利开展的有效保障。研学旅行课程实施团队主要包括：备课团队、组织团队及导师团队。

（一）备课团队

研学旅行课程实施的备课团队主要由教师、学生、研学机构及社会专业人士组成。在备课时可采用分头备课、对接备课、现场备课等形式，由校内教师、校外研学机构及专业人士针对同一研学目的地或研学主题进行分头备课，设计具体的研学方案。随后双方再进行对接备课，对所备课内容进行充分论证，取长补短，发挥各自的优势。如校外研学机构在资源利用、场地熟悉、安全管理、活动组织上有自己独特的优势，而学校机构在开展教育教学、引导学生方面也有自己独特的优势。在此过程中，要充分听取学生的需求和建议，也可以让学生参与到研学旅行课程的建设中来。如对备课方案可以采取班级讨论的形式，在班内对研学方案进行论证和完善。备课是对活动实施过程的统筹规划，在此过程中，既要备教学过程，又要备应急方案和活动实施方案。

（二）组织团队

组织团队是研学旅行实践教育活动实施的有效保障，其人员构成包括：校内人员（校领导及相关负责人、年级主任、班主任及各科任教师）、校外研学机构专业人员、政府相关部门等。组织团队的职责在于统筹安排研学活动的各个环节，涵盖行前备案、考察备课、活动实施以及学生安全返校的全过程。其负责内容包括交通、住宿、研学指导和学生安全等，确保研学活动安全、有效、有序地开展。校领导及相关负责人是研学旅行实践教育活动的发起者和总体协调者；年级主任统筹全年级研学旅行实践教育主题及活动；班主任则是班级研学旅行实践教育活动开展的具体负责人，负责传达上级工作精神、联系家长的任务，根据本班学生实际情况选择和组织班级研学活动。校外研学机构专业人员主要负责研学场地的组织、活动安全以及人力与物力资源的组织与安排。政府相关部门为研学提供交通、卫生、安全等相应保障。

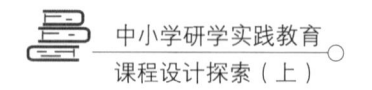

这样一支由校内全体成员参与、校内校外共同协作的组织团队，成功打通了校内外之间的界限，有效避免了校内外研学活动工作相背离的问题，为校内外研学活动工作的开展搭建了沟通和协调的平台。校内外的同心协力、团结合作，有力地保障了研学实践教育活动开展的全过程，提高了研学活动组织实施的有效性。

（三）导师团队

导师团队是研学旅行活动过程中对学生活动的主要指导者。研学导师团队的质量和水平在很大程度上决定着学生在研学过程中的收获和体验。研学导师团队应秉持专业性、适应性和多元化的原则进行组建，即根据研学实践教育路线和主题的特点，选旅行社具有资质的研学导师、学校学科教师、高校专家学者等，组建一支高水平高质量的研学导师团队。

研学旅行实施团队的建设需要校内外的团结协作，取长补短，发挥各自的优势。学校研学实施团队要协调校内外研学活动组织工作，积极开展各个层面的研学行前筹备事宜，将各年级的研学活动统筹落实到每个班级，切实做好行前准备、方案报批、安全保障等工作，同时协助校外机构做好活动实施和研学导师团队建设工作。校外团队在活动组织、场地熟悉、资源协调方面有自己独特的优势，学校在教育教学、教育管理方面具有专业优势，校内校外相互取长补短，协调配合。学校为校外研学导师提供一定的教育教学专业培训和指导，有助于校外研学导师队伍的建设和成长。

三、课程支持和保障体系团队

中小学研学旅行活动开展离不开良好的课程运行环境和完善的外部保障体系的支撑。政府及社会有关部门要为研学旅行课程建设创造良好的外部环境，制定相关政策及法律法规，积极推动研学活动的有序开展。

（一）行政推动，确保研学活动课程化

在学校教学常规中，某种活动成为学校课程的重要标志在于拥有规范化的课程文件、明确的课程标准和课程计划。因此，研学旅行如果想在真正意义上成为学校的一门课程，必须制定和出台明确的课程计划、课程标准、课程管理方案以及课程评价方案等，为学校研学旅行课程常规化的开展提供规

范化和政策文本依据，推动研学旅行工作从政策文本走向常态化实施。学校要依据国家和地方研学工作政策方针的要求，结合学校实际情况，将研学旅行教育当作一项专项工作来抓，成立专门的研学旅行课程领导小组，学习研读相关文件，规划实施计划，制定本校研学工作实施计划方案等，以此作为本校开展研学工作的基本指导意见。

研学课程建设及实施也离不开教育和政府相关部门的政策支持。教育部门要做好研学课程建设和实施的指导工作，提高中小学校对研学工作的认识和重视程度，聘请相关学者专家开展公益讲座等，为学校和一线教师提供研学课程建设的政策理论支持。同时，建立激励和合作机制，鼓励学校自行探索研学课程建设的校本经验，积累研学课程建设的经验，增进校际间交流与合作，并将优秀经验在区域内实践和推广。

政府和教育相关部门也要为中小学研学提供支持和补贴，协调好学校和社会的资源，服务于中小学研学工作的开展；出台相应的政策，为学校研学工作创设良好的政策环境；加强对研学实践教育基地的建设和管理，建立研学实践教育基地及研学机构的行业准入标准和评价体系；规范研学旅行市场，联系和利用好社会资源，建设一批具有高质量、高水准的研学基地和研学导师团队，做好对中小学研学工作的监督。

（二）层级问责，建立研学组织管理体系

研学旅行课程建设的顺利推进，离不开严密的课程组织管理制度作为保障。当前，研学旅行工作开展成效显著，国家、地方层面出台了一系列课程组织管理及相关政策法规文件等。但在实施过程中，部分地方出现安全问题责权不明晰、课程运营程序不规范、研学市场混乱、学校课程规划随意制定等问题，这些相关问题影响了研学旅行工作开展的实效性。

教育行政部门及中小学要探索和制定完善的研学课程组织管理体系方案，建立社会、政府、学校、家庭和旅行社在内的多方协作管理机制，确保"活动有方案，行前有备案，应急有预案"。完善和落实中小学研学旅行的政策、法律法规，明确责权，建立有效的问责机制。活动计划报备教育行政部门，做好安全评估和安全教育工作，与家长、研学机构、基地签订协议书，明确责任权力。加强安全监督管理，建立责任追究机制。建立完备的研学旅行实践教育安全保障体系，对研学实践教育中可能出现的安全问题做到未雨绸缪。针对研学过程中可能出现的安全事故问题，制定有针对性的防范和紧

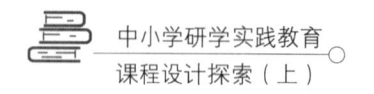

急处理措施，避免事故的发生。

（三）基地建设，提升研学旅行质量

研学基地是研学旅行实施和开展的重要资源，其资源环境、课程设置、安全保障、硬件软件等方面对学生的研学体验和收获有重要影响。建设一批高质量的研学基地，能够为研学旅行工作有效开展提供保障。

政府和教育部门要加强对研学基地的监督工作，建立研学基地准入标准。从基地资源环境、基地课程、安全措施、紧急预案、食宿卫生、教员配备等方面对基地进行评估和考察。对于达标和具有资质的基地，给予政策和资金支持。鼓励社会机构和企业投资共建高质量中小学研学实践教育常设基地，并纳入行政管理范围，严格监督研学实践教育基地的运行。

学校、研学机构和基地三方应开展合作，实现研学基地和课程的多方共建。根据研学旅行育人目标，结合地方特色资源，以地方文化遗产、自然资源、红色教育资源和实践基地、高校企业、科研机构为依托，建设和打造一批高质量的研学基地。学校、研学机构课程开发人员、研学导师应对研学基地进行实地考察，讨论研发内容搭建、集体评议、实地内测、实地检验研学基地及课程方面存在的问题，以及课程实施的重难点、课程落地效果、活动组织规划及人员配备情况，提出建议和优化方向，实现研学基地质量的提升和优化。

（四）多元评价，完善评价机制

评价是研学旅行课程建设的重要组成部分，是实现研学各个目标的有效方法和手段，也是促进研学课程及实践不断完善和发展的重要动力。因此，要做好研学旅行评价工作，建立完善的研学评价机制。

研学旅行课程评价的主体具有多元性，包括学生、校内老师、校外研学机构导师和研学活动组织者等。评价方式同样多元，可以采取学生自评、互评、教师评价、研学导师评价等形式。在评价内容上应包括学生参与度、目标达成情况等方面。只有建立全方位、多元化、完备的评价体系才能有效促进和评定研学实践教育课程实施的效果，促进研学实践教育的科学化和常态化开展。

在评价机制上可以采取学校主导基地协同的方式，建立完善的研学旅行评价体系。课程评价贯穿研学旅行全过程，包括对研学课程方案的评价，对基地及服务的评价，课程内容实施与课程目标的达成度评价，学校管理人员、教师、学生对研学机构的评价，课程内容实施情况，现场执行的导师能力、安全措施、用餐住宿服务评价等。同时，基地也要对学校管理、教师、学生进行评价，如组织管理、有效沟通、实施效果等。这样，在学校和研学基地之间建立双向评价和反馈机制，促进研学课程不断完善和发展，推动研学工作有效实施。

第十三节　线路的选择与规划

研学旅行线路的选择与规划问题实质上是资源选择和规划问题，即确定选择哪些研学资源来实现活动目标。缺乏以科学规划线路为基础的研学旅行将是"无源之水、无本之木"，难以达成既定的目标。研学旅行路线规划与设计，决定了学生在研学活动中能够看到什么、收获什么。因此，研学旅行路线选择与设计是研学实践教育课程建设中一个重要的环节。

课程专家多尔认为，"课程资源开发的实质就是探寻一切有可能进入课程、并能够与教育教学互动联系起来的资源"。从这个意义上来看，研学旅行实践教育课程资源的开发，就是寻找研学目的地中能够与学校课程发生联系，能够转化为课程活动、课程内容的素材，以及能够满足研学实践教育课程目标所需的各种物力、人力资源条件的资源。研学旅行实践教育路线的选择与规划过程就是对研学目的地的选择和教育资源的挖掘和开发过程，在这个过程中，需要根据课程目标精选研学旅行目的地，充分挖掘目的地资源的育人价值，立足于学生经验和体验的丰富，促进学生进行自我建构，使学生受到情感上的陶冶和提升，发挥研学旅行应有的价值，实现研学课程目标。

一、丰富多样的资源

研学旅行路线选择与规划中，需要对课程资源进行考察和整合，研学课程资源丰富多样，按照课程资源存在的形态及载体可以分为实物资源、图文资源、环境资源、人力资源、信息技术资源；按照研学目的地本身的性质可分为"院、馆、所"、历史文化名胜、自然农耕、爱国主义教育基地、大学工厂及其他；按照资源提供方可以分为学校资源、社会资源、基地资源；按地域分可以分为县域资源、市域资源、省域资源、国内外资源。学校课程资源

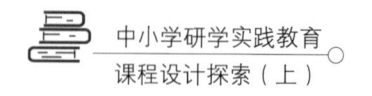

主要是在研学旅行实践教育中能够提供学校的人力资源；社会资源主要是由政府和社会其他机构提供的公益性、教育性资源，包括博物馆、科技馆、公园、图书馆等；基地资源主要是专门的研学基地（营地）系统开发的课程、物质资源、人力资源等。每一类研学旅行资源具有不同的教育价值。有学者认为，在场馆资源中，场馆自身具有丰富的资源，能够为学生提供直观的学习机会，为研学旅行实践教育课程开发提供丰富的课程资源，也为课程实施和开展提供良好的环境和物质支持，能够沟通校内和校外教育，为提升学生综合素质创建良好的平台。正是由于多种多样研学课程资源的存在才成就了研学实践教育课程丰富的育人价值。

二、路线选择与规划的原则

研学旅行实践教育路线选择与规划时要综合考虑相关影响因素，主要遵循以下几个原则。

（一）整合性原则

整合性原则是指要充分利用本地资源，实现研学内容的广泛性以及时间和空间上的广域性。对研学旅行可选目的地进行充分考察，并依据研学实践教育备选目的地资源的丰富性程度及性质，对研学目的地路线进行整合。一是以研学目的地为依托，以学生需求和研学主题为引领，对研学目的地人力和物力资源的充分整合与利用。二是以研学主题为线索，对同类型教育资源进行有序整合和利用。

（二）经济性与便利性原则

经济性与便利性原则是指要充分考虑研学旅行活动的费用与开支，顾及不同经济家庭背景，特别是经济困难家庭学生的需求。因此，在路线规划上本着经济性的原则，在保证研学路线具有教育性的基础上，精选研学旅行目的地。同时，要充分利用本地区的研学教育资源，合理进行规划和利用，避免学生长时间在交通上奔波，且在路线规划上尽量避免重复。

（三）生活性原则

生活性原则是指要立足于学生生活实际，将学生从最简单熟悉的生活层面引领到更加广阔的社会生活舞台，加强学生对生活世界的认识和理解，增进学生与现实生活和世界的联系，体现研学旅行实践教育生活化的理念，赋予研学旅行教育意蕴。

（四）安全性原则

安全性原则是研学实践教育路线选择和规划时要遵循的重要原则，研学旅行实践教育过程中的安全问题是全社会高度关注的焦点。对于安全问题重在防患于未然。在进行路线规划设计时，要充分考虑安全这一因素。本着安全性原则，对研学目的地的饮食、住宿、交通、学习等方面的安全性进行全面评估，对潜在的危险因素进行排查和分析，制定完善的安全紧急预案。

第五章 研学主题课程资源开发（部分）

根据教育部等 11 部门印发的《关于推进中小学研学旅行的意见》精神，引导广大中小学生在研学旅行中领略祖国大好河山，体悟中华传统美德，感受革命光荣历史，认知改革开放伟大成就，增强对坚定"四个自信"的理解与认同。同时，促使学生学会动手动脑、学会生存生活、学会做人做事，促进其身心健康、体魄强健、意志坚强，促进形成正确的世界观、人生观、价值观，培养他们成为德智体美全面发展的社会主义建设者和接班人，以实现立德树人、培养人才为根本目的。广元营地结合工作实际，充分挖掘市内、省内、国内研学资源，整合、利用相关研学资源，开发了"蜀道行""天府行""华夏行"系列研学主题课程，丰富了研学旅行实践教育活动内容，提升了研学旅行实践教育活动质量。

第一节 蜀道行

广元，旧称利州，素有"川北门户、蜀道咽喉、巴蜀金三角"之称，地处川陕甘三省接合部，位于成都、西安、兰州、重庆四大省会城市的交通中心，是川陕甘三省重要的物资集散地。水陆航空四通八达，便捷的交通将广元与世界紧密相连。这里是中国优秀旅游城市、国家卫生城市、国家森林城市、中国人居环境范例城市。

广元火车站

广元拥有2 300多年的建城历史，这里人杰地灵，钟灵毓秀，是先秦古栈道文化和中国古蜀文化的集中展现地。"噫吁嚱，危乎高哉！蜀道之难，难于上青天"。一条古蜀道，半部华夏史。古老的蜀道贯穿广元全境，是古代八百里秦川连接巴蜀、天府之国的交通要道，是一条奇美大道，更是一条华夏民族融合大道、诗意大道、文化大道。在这瑰丽雄奇的古道上，有李白笔下"一夫当关，万夫莫开"的剑门雄关；有陆游"细雨骑驴入剑门"的诗意；有被誉为世界第一古道的翠云廊；有因唐玄宗幸蜀路过时接受百官朝觐而得名的朝天驿；有享有天下第一山水太极之美誉的自然奇观昭化古城；有被世界自然基金会划定为A级自然保护区、被誉为"天然基因库"的国家级自然保护区的唐家河；有被誉为西南第一美湖的白龙湖……。

广元皇泽寺是全国唯一一座祭祀武则天的寺庙，内有武则天的金身真容石刻像。郭沫若题诗称道："广元皇泽寺，石窟溯隋唐；媲美同伊阙，鬼斧似云冈"。每年9月1日，广元都要举办"女儿节"，此节已成为中国唯一一个纪念武则天的节日。一江之隔的千佛崖，被称为"历代石刻艺术陈列馆"，可与丝绸之路上的敦煌石窟媲美。7 000多尊石刻，造像千姿百态、栩栩如生，其中有一座持莲观音被誉为"东方维纳斯"。

广元皇泽寺武则天金身真容像

广元也是一片红色的热土,在这片土地上,留下了徐向前、李先念等革命先辈战斗的足迹,从这里走出了18位共和国将军。旺苍红军城、苍溪红军渡、木门会议会址、红军血战剑门关等众多红军战斗遗址,如闪闪星斗,辉映着历史的天空。红军精神代代相传,正激励着广元儿女为祖国繁荣、为实现伟大中国梦壮志凌云,挥洒豪情。

旺苍中国红军城

四川广元全国中小学生研学实践教育基地就坐落于这座风景如画、人文荟萃的历史文化名城之中,处于这条大蜀道的中心,犹如一颗璀璨的明珠闪耀在巍巍天曌山麓，滔滔嘉陵江畔。营地围绕"立德、实践、创新"的办学宗旨，建有科技、创新、科普、生态、环保、人防等 16 个体验场馆，30 多个实训体验室，设有 100 余门实践活动课程，能同时容纳 1 000 人，每年可接纳 3 万人次的市内外中小学生和干部群众开展生命安全、艺术制作、科学探究、专题教育、研学实践等领域的综合实践体验和职业拓展培训活动。营地共开发有涉及广元、成都、西安、北京、上海等 21 条研学实践教育活动精品线路，研发了 50 余门研学实践教育活动课程。

全国中小学生研学实践教育营地（广元营地）

剑门蜀道，女皇故里；历史悠久，古迹遍布；崇教尚文，代有贤能。研学广元，在这里领略祖国大好河山，学习中国传统文化，掌握最新现代科学知识，感悟成长快乐，实现人生美好愿景。

一、行走先秦栈道，探究古今交通

资源简介：明月峡因其峡谷形如弯月，嘉陵江穿峡而过，江月辉映而得名，是国家 AAAA 级旅游景区、全国重点文物保护单位。明月峡集古栈道、水道、纤夫道、金牛道、公路、铁路于一峡，充分体现了中国道路发展的历史，被誉为"中国道路交通博物馆"，无数文人墨客在此流连忘返，吟诗作画，留下了众多墨宝和故事。峡东岸峭壁上，仍遗留着 400 多个古栈道孔洞，见证着华夏文明演进的历史。

069

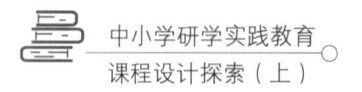

明月峡

活动目标：开发明月峡研学课程，了解古今交通变迁，感受祖国交通日新月异的发展，增强学生民族自信心和自豪感。

适用学段：小学中高段、初中、高中。

二、探秘女皇文化，传习女皇精神

资源简介：皇泽寺位于广元市利州区城西嘉陵江畔，是纪念中国历史上唯一的女皇帝武则天的祀庙。寺庙创建于北魏晚期，距今有 1 500 余年的历史。武则天称帝后，赐寺刻其真容，寓意"皇恩浩荡、泽及故里"，皇泽寺自此得名。寺内现有二圣殿、则天殿、大佛、女皇文化陈列馆等建筑，供奉有武则天真容石刻像。皇泽寺是第一批全国文化产业示范基地、中国武则天文化研究基地，是"剑门蜀道女皇故里"的核心载体和重要支撑。寺内现存北魏至唐代摩崖造像 57 龛、1 200 余尊，是全国重点文物保护单位。研学皇泽寺，观女皇真容，了解一代女皇艰辛的奋斗历程和中华民族女性自强不息的奋斗精神，增强学生的社会责任感和使命感。

皇泽寺

活动目标：了解女皇文化，了解唐（周）文化，树立正确的世界观、人生观和价值观。

适用学段：小学四至六年级、初中、高中。

三、观蜀道摩崖造像，传承石刻文化艺术

资源简介：千佛崖摩崖造像位于广元城北 4 千米的嘉江东岸、古金牛道上。历史悠久，雕刻技艺精湛。石窟始凿于北魏晚期，兴盛于唐代，止于清代。历经千年，形成了一座佛崖长 388 米，高 45 米，造像 950 龛、7 000 余尊的佛教石刻艺术宝库，佛像"古、多、精、美"，被誉为"历代石刻艺术陈列馆"。佛龛层叠分布，密如蜂巢，是四川境内规模最为宏伟的石窟群，是全国重点文物保护单位，也是剑门蜀道国家级风景名胜区的重要组成部分。

千佛崖

活动目标：通过学生对崖壁上佛雕艺术的了解，感受我国古代石刻艺术的魅力，品味石刻文化，提升学生的艺术修养，传承中华优秀传统文化。

适用学段：初中、高中。

四、走蜀道、越关山，人生不再难

资源简介：剑门关位于四川省广元市剑阁县，为国家 AAAAA 级旅游景区，以其险峻的地势和丰富的历史文化背景而闻名，被誉为"天下第一关"和"剑门天下险"。李白《蜀道难》诗句云："一夫当关，万夫莫开"，足见其险要。剑门关是一处世界罕见的城墙式砾岩断崖丹霞景观，垂直高度近 300 米，底部最窄处仅 50 米的天然隘口，是自然天成的天下第一关隘。剑门关不仅是三国时期蜀国北面的天然屏障，也是重要隘口，历来为兵家必争之地。

剑门关

活动目标：聆听三国故事，观察蜀道变迁，了解蜀汉兴亡，感知祖国发展，培养学生对家乡的热爱之情，树立为实现中华民族伟大复兴梦而奋斗的远大志向。

适用学段：小学中高段、初中、高中。

五、穿越利州时空，传承陶瓷技艺

资源简介：广元市博物馆是广元首家综合性博物馆，馆内陈列布展以"金牛道、广元瓷器、石刻造像"为主线，分为"远古记忆""船棺叙说""秦汉三国""蜀道佛光""金蕴银华""千年窑火"六个单元。展示的文物包括石器、瓷器、陶器、铜器、书画、非遗等类别，约600（件/套）。

广元市博物馆

活动目标：让学生了解广元历史文化，了解古陶艺的制作工序和陶文化。学生在与陶土接触的过程中，丰富对泥土和自我认知，感受传统手工艺的魅力，激发学生的想象力和创造力，提高艺术涵养，培养其对传统手工艺的兴趣和热情。

适用学段：初中、高中。

六、重温红色历史，传承革命精神

资源简介：苍溪县红军渡景区位于广元市苍溪县城东，是红四方面军长征出发地，全国百个红色旅游经典景区，也是全国"重走长征路·川陕苏区行"红色旅游精品线和四川省"川陕缅英烈、巴山耀华夏""剑门雄关险、嘉陵山水奇"红色旅游精品线上的重点景区。景区内的红军渡纪念馆于2001年6月被中共中央宣传部确定为全国第二批百个爱国主义教育示范基地，并在《人民日报》（2001年06月12日第四版）公布。2006年11月，红军渡纪念馆被中共四川省委宣传部、共青团四川省委、四川省文化和旅游厅确定为四川省优秀青少年爱国主义教育基地。苍溪县红军渡爱国主义教育示范基地具有独特的红色底蕴，以红四方面军长征的光辉历史为主要内容，进行爱党、爱祖国、爱社会主义教育。

苍溪红军渡

活动目标：开发此课程旨在使学生通过了解红军强渡嘉陵江的故事，对学生进行革命传统教育，让红军精神深深扎根在心中，永远铭记红军的奉献与牺牲精神，学习先辈们艰苦奋斗的革命意志，传承革命先烈的优良传统，树立正确的世界观、人生观、价值观，培养学生的社会责任感。

适用学段：小学四至六年级、初中、高中。

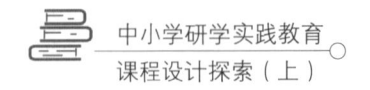

七、行走阴平古道，探寻川北民俗

资源简介：青溪古城是古阴平道上的重要关隘，自古便是商贾云集之所、兵家必争之地。在《三国演义》中，邓艾偷渡阴平灭蜀，明朝大将傅友德率军由阴平入蜀而令元龙州府归降都发生于此，徐向前、李先念率红四方面军在此打响了著名的摩天岭、悬马关战斗。

活动目标：研发此课程，让学生感受古镇悠久历史底蕴，感受青溪民俗民风，了解独特的川北民间传统技艺。

适用学段：小学高段、初中、高中。

阴平古道

八、行走昭化古城，体验三国文化

资源简介：昭化古城位于广元市昭化区昭化镇，始建于春秋战国时期，是中国最早推行郡县制管理的县治地之一，素有"巴蜀第一县，蜀国第二都"之称。昭化古城是国家重点风景名胜区剑门蜀道风景名胜区、全国重点文物保护单位剑门蜀道遗址群的重要组成部分，是迄今为止国内保存最为完好的唯一一座三国古城。刘备曾在此建立蜀汉政权的根据地，费祎开府治事、姜维兵困牛头山、张飞挑灯夜战马超等历史典故均发生于此。古城四面环山，三面临水，嘉陵江水在此洄澜，太极天成，有"天下第一山水太极"之美誉。古城山清水秀，人杰地灵，民风古朴典雅，古迹灿烂，是文物的宝库，是文化的宫殿，是历史的缩影，更是研学的胜地。

昭化古城

活动目标：研发此课程，可以让学生感受博大的三国文化、丰富的古城文明、深厚的人文底蕴，领略独特的川北民俗民风，培养学生对历史文化遗迹的保护意识。

适用学段：小学中高段、初中、高中。

九、走进地下仙宫，探秘地质奇观

资源简介：雪溪洞位于广元市朝天区，全长 8 000 多米，素有"地下仙宫"之美称，洞中有石幔、石花、石笋、石柱，拟物状人，巧夺天工。

活动目标：开发雪溪洞研学课程，让学生了解溶洞的地质结构以及雪溪洞的形成过程，感悟大自然的神奇，激发学生对自然的探索精神及热爱之情。

适用学段：小学高段、初中、高中。

雪溪洞

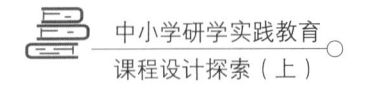

十、走进龙门绿珠，探寻天然基因库

资源简介：唐家河是全国首批国家级示范自然保护区，地处岷山山系摩天岭东端南麓，面积达 400 平方千米。被中外专家誉为"天然基因库""生命家园""自然博物馆"，也被视作岷山山系的"绿色明珠""熊猫乐园""天然动植物园"。唐家河还被评为全省首批"低碳生态旅游示范单位""四川十大最美花卉观赏地"。素有"绿色明珠""生命家园"之称的唐家河，区内有脊椎动物 430 种、植物 2 422 种，其中属于国家重点保护的珍稀植物有 12 种，是国内低海拔地区野生动物遇见率最高的地区之一，被联合国自然保护联盟认定为全球生物多样性保护的热点地区之一，被世界自然基金会评为 A 级保护区，具有重要的科研和保护价值。

唐家河

活动目标：通过带领学生亲近自然、体验自然、拥抱自然，培养学生热爱自然、尊重自然、保护自然的意识，学会人类与自然和谐相处。

适用学段：初中、高中。

十一、探寻皇柏古道，保护生态环境

资源简介：翠云廊是古蜀道最为重要的一段，古称剑州路柏，民间又称皇柏大道。翠云廊浓荫夹道，古柏成行，无数参天大树高擎翠盖，紧挽臂膀，遮天蔽日于千山万壑之间，云遮雾绕于涧畔岭头。宛如绿色苍龙逶迤于崇山峻岭之中，有"三百里程十万树"之美誉。

翠云廊

活动目标：研发此课程，让学生了解翠云廊悠久的历史，了解皇柏生活习性，领略古柏风姿万千形态，感受古代先民的环保意识，进而培养学生热爱自然，与自然和谐共生的意识。

适用学段：小学中高段、初中、高中。

第二节　天府行

四川自古以来就享有"天府之国"的美誉，是承接华南、华中，连接西南、西北，沟通中亚、南亚的重要交会点和交通走廊。优越的地理条件和经济条件，使四川成为中国经济开发最早的地区之一。四川作为著名的旅游资源大省，拥有美丽的自然风景、悠久的历史文化和独特的民族风情。其旅游资源数量和品位均位居全国前列。其中，九寨沟和黄龙寺被列入"世界自然遗产录""世界生物圈保护区"；峨眉山、乐山大佛被列入"世界自然文化遗产"名录等。

成都夜景

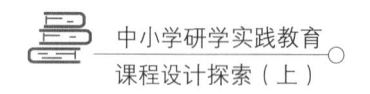

通过研学主题活动的开展，引领学生走出课堂、走出家乡，领略川蜀之美，研习天府历史、文化，增强弘扬民族传统文化、建设富强祖国的使命感。

一、揭秘神秘三星堆，感受古蜀奇文化

资源简介：三星堆遗址位于中国四川省广汉市，是由众多古蜀文化遗存分布点所组成的庞大遗址群，现已建成三星堆博物馆。其时间跨度上起新石器时代晚期，下至商末周初，前后延续近2 000年。该遗址出土了大量陶器、石器、玉器、铜器、金器等，具有鲜明的地方文化特征，自成一个文化体系。

三星堆博物馆

活动目标：让学生了解从新石器时代晚期到商末周初古蜀国的政治、经济、文化，了解古蜀国历史，直观感受古蜀先民们创造的文化艺术成果的魅力，深刻理解中华传统文化的博大精深，继承发扬古代优秀传统文化，激发学生实践能力和创新精神，培养其对家乡、对祖国的热爱之情。

适用学段：初中、高中。

二、走进金沙遗址，探寻古蜀文化

资源简介：成都金沙遗址博物馆位于四川省成都市区西北部，是在金沙遗址原址上建立的一座遗址类博物馆，也是展示商周时期四川地区古蜀文化的专题类博物馆。

活动目标：让学生了解商周时期古蜀的政治、经济、文化，学习古蜀先民们的创造精神和奋斗精神。

适用学段：初中、高中。

金沙遗址

三、瞻仰伟人风采，牢记初心使命

资源简介：邓小平故里位于四川省广安市广安区协兴镇牌坊村，面积达3.19平方千米，主要景点近20处。邓小平故里是人们追寻伟人足迹、缅怀伟人丰功伟绩和开展中国特色社会主义教育、爱国主义教育和革命传统教育的重要基地。

邓小平故里

活动目标：通过研学实践教育活动，让学生了解伟人革命的一生，立志继承伟人精神，珍惜眼前来之不易的生活，不忘初心，牢记使命，培养复兴民族大业的使命感和责任感。

适用学段：初中、高中。

四、走进朱德故里，缅怀革命先驱

资源简介：朱德故里位于四川南充仪陇县马鞍镇，以朱德故居、纪念馆

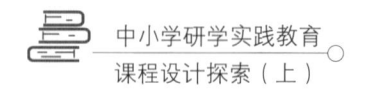

为主体，充分利用琳琅山、四方田等地理标志，将红色文化、农耕文化等融合为一体，实现了自然景观与人文景观的相融相通。

活动目标：让学生了解朱德的丰功伟绩，树立远大理想，坚定理想信念，努力学习，奋发有为。

适用学段：初中、高中。

朱德故里

五、缅怀两弹元勋，传承家国情怀

资源简介：绵阳是中国唯一的科技城，是重要的国防科研和电子工业生产基地，成都平原城市群北部中心城市，成渝经济圈七大区域中心之一。绵阳获得过联合国改善人居环境最佳范例奖（迪拜奖）、全国文明城市等荣誉。

邓稼先旧居

活动目标：让学生了解绵阳九院博物馆、绵阳科技馆、两弹城、长虹电子厂、安州区风洞等高新技术成就，感受其在经济社会发展中所发挥的重要作用，激发学生的科学求知欲和探索精神，传承"两弹一星"精神，引导学生努力学好科学知识，为祖国的科学事业贡献应有的力量。

适用学段：初中、高中。

六、探秘都江堰，对话李冰父子

资源简介："拜水都江堰，问道青城山"。都江堰是世界文化遗产、世界自然遗产、全国重点文物保护单位、国家级风景名胜区、国家AAAAA级旅游景区，两千多年来，都江堰一直发挥着防洪灌溉的作用，是全世界迄今为止年代最久、唯一留存且仍在使用的以无坝引水为特征的宏大水利工程。

都江堰

活动目标：让学生了解李冰父子的智慧，探究都江堰水利工程的功能与作用，感受古代劳动人民的勤劳与智慧，培养学生创新意识和创造精神。

适用学段：初中、高中。

七、体验民族风情，探寻自然之谜

资源简介：九寨沟是世界自然遗产，是国家AAAAA级旅游景区，被世人誉为"童话世界"，号称"水景之王"。故有"黄山归来不看岳，九寨归来不看水"之说。

九寨沟

活动目标：让学生感受九寨神奇魅力，体验原始的自然生态之美，引导学生保护世界自然遗产，关爱生态环境，学会人与自然和谐共生。

适用学段：初中、高中。

第三节　华夏行

中国地处亚洲东部，太平洋西岸，是由 56 个民族共同组成的统一的多民族国家。陆地面积约 960 万平方千米，也是世界上历史最悠久的国家之一，拥有灿烂辉煌的中华文明和光荣的革命传统。中国的研学资源十分丰富，通过研学古都、古城、名胜遗迹、自然山川、风景名胜、红色文化、现代都市、科技成果、大国工程等，让中小学生领略祖国大好河山，感受中华传统美德，感受革命光荣历史，感受改革开放伟大成就，增强对"四个自信"的理解与认同，增强民族自尊心和自豪感，着力培养学生的社会责任感、创新精神和实践能力，促进其形成正确的世界观、人生观、价值观。

一、登长城游古都，领略华夏文明

资源简介：北京是中华人民共和国首都，是中国政治、文化、教育和国际交流中心，同时也是中国经济、金融的决策中心和管理中心。北京有着 3000 余年的建城史和 850 余年的建都史，是中国四大古都之一，具有深远的国际影响力。这里荟萃了自元、明、清以来的中华古都文化，拥有众多名胜古迹和人文景观，是全球拥有世界文化遗产最多的城市。

万里长城

活动目标：让学生走进北京，了解古都灿烂的历史文化，感受这座具有国际影响力的国际大都市的繁荣昌盛，增强民族自信心和自豪感，志存高远，为实现中华民族伟大复兴梦而努力奋斗。

适用学段：初中、高中。

二、畅游古都西安，感受中华文明

资源简介：西安，古称长安，与世界名城雅典、开罗、罗马齐名，被誉为世界四大文明古都之一，是古丝绸之路的起点。这里有秦兵马俑、古城墙、钟楼、鼓楼、大明宫等众多历史遗迹。

历史与现代交融的西安

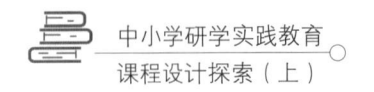

活动目标： 开发此课程，让学生感知中国古代王朝的兴衰历史，近距离接触大唐文化，了解我国古代建筑、雕刻、书画、陶艺等方面的成就，传承民族优秀技艺，增强民族自豪感。

适用学段： 高中。

三、走进秦陵兵马俑，感受世界文化奇迹

资源简介： 秦始皇陵被国务院公布为第一批全国重点文物保护单位。秦始皇陵及兵马俑坑被联合国教科文组织批准列入世界遗产名录，被誉为"世界第八大奇迹"，同时也是世界十大古墓稀世珍宝之一。

秦陵兵马俑

活动目标： 通过开发此课程，让学生亲临皇陵，感受两千多年前古人精湛的手工艺，欣赏古代文化艺术，了解秦朝时期的文化。深刻认识秦始皇陵及兵马俑被誉为"世界第八大奇迹"的历史价值，弘扬华夏悠久的历史文化，培养学生民族自信心和自豪感。

适用学段： 初中、高中。

四、研读革命圣地，继承革命传统

资源简介： 延安古称肤施、延州，素有"三秦锁钥，五路襟喉"之美誉，是中华民族重要的发祥地，人文始祖黄帝曾居住在这一带。这里是天下第一陵——中华民族始祖黄帝的陵寝黄帝陵所在地，是民族圣地、中国革命圣地，

也是国务院首批公布的国家历史文化名城。延安是中国革命的落脚点和出发点，在全国革命根据地城市中，其旧址保存规模最大、数量最多、布局最为完整。以毛主席为代表的老一辈革命家在这里生活战斗了十几个春秋，领导了抗日战争和开启了解放战争，创造了延安精神。延安是全国爱国主义、革命传统和延安精神三大教育基地。

延安宝塔山

活动目标：让学生了解延安历史，了解延安故事，学习延安精神，缅怀革命先烈，传承延安精神，磨炼人生意志，志存高远，为建设强大祖国而努力奋斗。

适用学段：初中、高中。

五、亲近母亲河，感恩大自然

资源简介：黄河是中国第二长河，发源于青藏高原巴颜喀拉山北麓的约古宗列盆地，自西向东分别流经青海、四川、甘肃、宁夏、内蒙古、山西、陕西、河南及山东9个省（自治区），最终流入渤海。黄河全长约5 464千米。黄河中上游以山地地形为主，中下游以平原、丘陵地形为主。因河流中段流经中国黄土高原地区，故而夹带了大量的泥沙，也因此被称为世界上含沙量最多的河流。在中国历史上，黄河下游的改道给人类文明带来了巨大的影响。黄河是中华文明最主要的发源地，是中华民族的母亲河。我们勤劳勇敢的祖先就在这片广阔的土地上创造了灿烂夺目的中华文化。

黄河壶口瀑布

活动目标：让学生亲近母亲河，认识母亲河，感恩母亲河；了解黄河的过去与现在，感悟黄河文明，传承黄河精神，做有志向、有担当的时代新人。

适用学段：初中、高中。

六、勿忘国耻，砥砺奋进

资源简介：南京是中华文明的重要发祥地，也是中国四大古都之一。长期作为中国南方的政治、经济、文化中心，有着7 000多年文明史、近2 600年建城史和近500年的建都史，素有"六朝古都""十朝都会"之称。

南京长江大桥

活动目标：让学生了解南京的文化历史，继承和发扬中华民族优良传统。同时，通过参观侵华日军南京大屠杀遇难同胞纪念馆，让学生铭记中华民族的屈辱史，树立爱我中华、振兴中华，实现中华民族伟大复兴梦的远大理想。

适用学段：初中、高中。

七、重温红岩精神，坚定理想信念

资源简介：重庆，是我国西部唯一的直辖市，是长江上游地区的经济、金融、科创、航运和商贸物流中心，是西部大开发重要的战略支点，也是"一带一路"和长江经济带的重要联结点。重庆既以江城、雾都著称，又以山城扬名。重庆红色研学资源丰富，有红岩革命纪念馆及被誉为"两口活棺材"的渣滓洞、白公馆等红色研学资源。

重庆红岩革命纪念馆

活动目标：让学生了解渣滓洞、白公馆这"两口活棺材"，倾听先烈革命故事，传承革命红色基因，坚定理想信念，培养爱国之情。

适用学段：初中、高中。

八、走进魅力"东方巴黎"上海，感知中国发展速度

资源简介：上海是一座超过2 000万人口的中国特大城市，是世界文化荟萃之地的国际化大都市，是中国重要的科技、贸易、金融和信息中心，拥有中国最大的工业基地和外贸港口，有着深厚的文化底蕴和众多的历史古迹，享有"东方巴黎"之美誉。

上海外滩夜景

活动目标：让学生了解上海国际化大都市过去与现在，了解上海作为科技、贸易、金融和信息中心在世界经济中的重要作用，感受上海的繁荣，增强民族自信。

适用学段：初中、高中。

中小学研学实践教育课程设计探索
（下）

主　　编　杨国成　袁仕伦　孙　亮
分册副主编　刘子兵　王国勇　鄢　灵

西南交通大学出版社
·成都·

图书在版编目（CIP）数据

中小学研学实践教育课程设计探索. 下 / 杨国成，袁仕伦，孙亮主编. --成都：西南交通大学出版社，2023.12

ISBN 978-7-5643-9644-2

Ⅰ.①中… Ⅱ.①杨… ②袁… ③孙… Ⅲ.①教育旅游－活动课程－教学设计－中小学 Ⅳ.①G632.429

中国国家版本馆 CIP 数据核字（2023）第 246331 号

编委会

主　　　编：　杨国成　　袁仕伦　　孙　亮

分册副主编：　刘子兵　　王国勇　　鄢　灵

分 册 编 委：　刘朝杨　　易晓红　　王　欢

　　　　　　　巩　莉　　马　川　　须茜茜

　　　　　　　杨春晓　　樊诗洋　　杨露兰

目 录

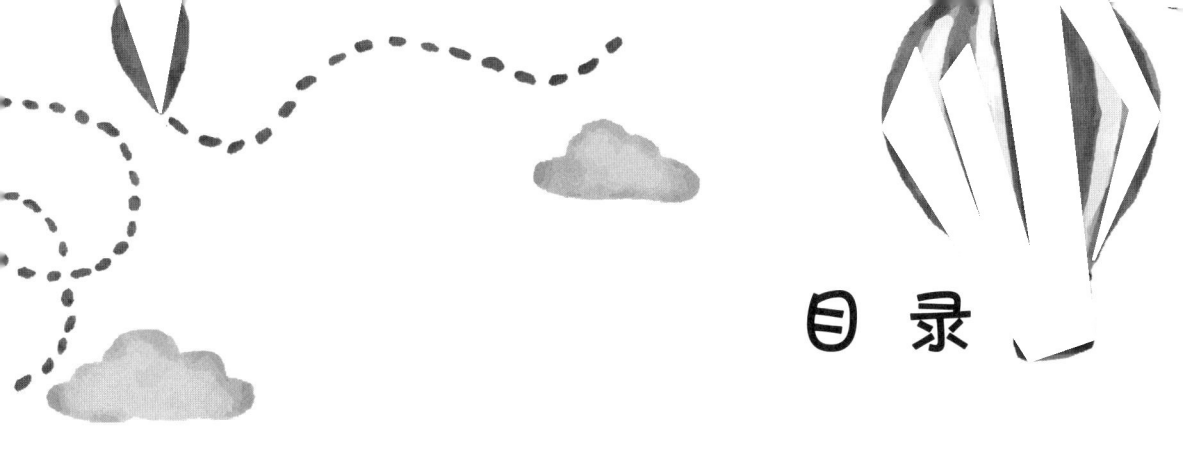

第一章　女皇故里——广元城市研学实践教育课程设计（部分）……155

　　课程设计一　行走先秦古道，探究古今交通……………………155

　　课程设计二　研习古城文化，探究古城文明……………………162

　　课程设计三　继承革命传统，赓续红色基因……………………168

第二章　蜀道奇观——翠云廊生态研学实践教育课程设计…………176

　　课程设计一　云亭望"廊"，感悟诗情画意……………………177

　　课程设计二　驿路话"廊"，传承"廊道"文化…………………182

　　课程设计三　交树交印，传承生态文明……………………………187

　　课程设计四　好大一棵树，绿色的祝福……………………………192

　　课程设计五　以"廊"之魂，育时代之"树"……………………197

　　课程设计六　以青春之名，传古柏之韵……………………………203

第三章　蜀道雄关——剑门关地质与历史文化研学实践教育课程设计…………………………………………………………209

　　课程设计一　观风貌，研地质，叹沧海桑田……………………211

　　课程设计二　品诗赋，叹古人，心生家国情……………………216

　　课程设计三　走古道，越雄关，蜀道不再难……………………221

　　课程设计四　攻雄关，克剑门，天堑变通途……………………227

第四章 龙门绿珠——唐家河自然生态研学实践教育课程设计 ········232

 课程设计一 走进博物馆，探寻生命家园 ············233

 课程设计二 走进伐木场，传承时代精神 ············239

 课程设计三 走进熊猫体验馆，探秘国宝生活 ··········244

 课程设计四 探秘蛇岛，了解生物多样性 ············251

 课程设计五 探秘六不像，寻踪扭角羚 ·············259

参考文献 ································268

第一章 女皇故里——广元城市研学实践教育课程设计（部分）

课程设计一　行走先秦古道，探究古今交通

课程说明

明月峡有 2 300 多年的历史，位于四川省北部，川陕甘三省交会处，是进出川的咽喉重地，素有"蜀北重镇""川北门户"之称。明月峡原名朝天峡，因朝天镇而得名。朝天，即朝拜天子，因唐玄宗避"安史之乱"南迁成都时，当地官员在此接待并朝拜天子而得名。明清时期，文人墨客们盛行崇尚自然，取李白《秋风词》中"秋风清，秋月明"之意，将"朝天峡"更名为"明月峡"，现为国家 AAAA 级风景名胜区、全国重点文物保护单位剑门蜀道的重要组成部分。

明月峡占地面积 6.1 平方千米，峡谷全长约 4 千米，宽约 100 米，谷深约 2 千米，两岸石崖壁立，是蜀道中最为险要的咽喉之地，是连接南北的唯一通道，地势险峻。数千年来，人们为了打通蜀道，在这里留下了古今六条道路，包括远古时候山民们走出的羊肠小道、先秦时官府倡导在峡壁建立的栈道、峡中江边船工们修建的纤夫道、嘉陵江上的船道、民国时期修建的川陕公路以及 20 世纪 50 年代修建的宝成铁路隧道，这六条道于一峡通行，后人称此地为中国交通博物馆，是中国道路交通发展的活化石，更是研究中国古代交通的重要场所。

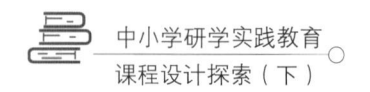

明月峡古栈道遗址是迄今为止中国开凿时间最早、形制结构最科学、遗存孔眼数量最多、保存最完好、最具古栈道风貌的古遗址。电视剧《三国演义》中，火烧栈道的场景就是在此处拍摄。千里蜀道是秦蜀两地政治、经济、文化相联系的纽带，在汉唐时期是全国政治中心长安与西南地区相联系的重要驿道，是我国最古老的"国道"。

开发此课程，旨在让学生了解从先秦到现在中国交通的发展历程，感受祖国日新月异的发展，感受劳动人民的勤劳与智慧，增强民族自信心和自豪感。

课程目标

（1）了解明月峡名字的由来。
（2）了解明月峡的地质特点及峡内六道的名称。
（3）了解明月峡古栈道的建设历史及特点。

难点突破

（1）理解明月峡古栈道在蜀道中的重要意义。
（2）理解明月峡交通发展变化的时代意义。

课程准备

一、行前准备

（1）查阅资料，了解明月峡古栈道的建设历史。
（2）查阅资料，了解明月峡名字的由来以及峡内六道的名称。
（3）准备好研学手册及研学所需的雨伞、饮用水、晕车药等用品。

二、行中任务

（1）明确研学手册任务目标。
（2）注重安全，精神饱满，积极参与，跟着研学老师开展活动课程。
（3）完成研学手册目标任务，并积极与他人分享本次研学的收获。

三、行后总结反思

（1）在本次研学活动中收获了哪些知识。

（2）谈谈你对明月峡的印象。

（3）明月峡见证了中国交通发展历程，对你有何重要启示。

适用学段

初中、高中。

课程时长

120分钟。

课程流程

一、诗意明月峡

（一）诗词导入

以李白的《秋风词》作为课程导入："秋风清，秋月明，落叶聚还散，寒鸦栖复惊。相思相见知何日？此时此夜难为情。"明月峡取义于"秋风清，秋月明"，可巧的是，明月峡上游不远处有清风峡，清风峡与明月峡相对应，朝天镇就位于两峡之间。

（二）"朝天"的由来

向学生讲解"朝天"是因唐玄宗避"安史之乱"南迁成都路过此地，当地官员在此接待并朝拜天子而得名。

二、初识明月峡

（一）分组观察

将学生分组，由研学老师带领学生到明月峡口的安全地带，在老师的指导下，让学生整体感知明月峡的风貌。（站在明月峡口，看两山对峙，如刀削斧劈，藤蔓高挂，垂天而来；峡中江水回旋，碧波荡漾，奔流向前。）

（二）交流分享

组织学生交流分享此刻心中的明月峡。

明月峡鸟瞰图

三、探秘明月峡

（一）六道于一峡

在研学老师的引导下，认识明月峡六道（羊肠小道、栈道、纤夫道、船道、川陕公路、宝成铁路）。（自主探究、观察、教师引导）

（二）探秘古栈道

（1）了解明月峡古栈道最早的修建时间及结构特征，并能画出其建造结构图。

（2）探秘明月峡古栈道的修建方式，如半崖中悬绳吊筐、河中搭架、横向凿孔、铺板等不同修建方式的可能性。

（3）探秘栈道孔眼的形成的方式，是铁器开凿还是火烧水激方式形成。

（4）古栈道与蜀道。（教师引导）

（5）古栈道与诸葛亮北伐的联系。（教师引导）

（6）了解火烧栈道与《三国演义》的关系。（研学前观看视频）

（三）古道上的化石

（1）行走古栈道，可清晰看见陡峭石壁上的一些动植物的化石。老师将学生分组，让学生用手机拍照的形式采集化石图片并分享交流。

（2）让学生通过化石图片探究明月峡地质形成过程中的前世今生。（学生交流发言）

（四）将士出川

介绍沿明月峡古栈道上方崖壁的民国时期凹槽式道路，其中有一处形如"老虎嘴"，颇为壮观，是川陕公路之一景。抗日战争时期，川军就是沿着这条出川通道北上抗日的。

老虎嘴

四、天堑变通途

教师引导学生自主发言，探讨现在北上出川的方式，如 108 国道、212 国道、G5 京昆高速、西成高铁、兰渝铁路、G75 兰海高速、蓉新欧班列以及广元至西安、北京等地航空线路等。

五、蜀道不再难

从蜀道难到蜀道不再难，经历了几千年的漫长的历程。结合现实，谈谈你对蜀道不再难的理解。（教师引导、学生交流分享）

六、总结分享

（1）你对古栈道知多少？

（2）如今全国公路、铁路、航空、水路等交通网络四通八达，结合自己的理解，谈谈现在交通为何有如此迅猛的发展？

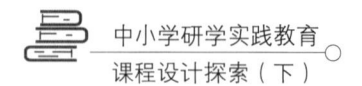

行走先秦古道，探究古今交通
学生研学实践教育活动任务单

学校		班级		姓名		
任务	内　容	完成情况				效　果
行前准备	了解明月峡及朝天名字的由来。					
	查阅资料，了解地理位置。					
	准备好研学手册。					
	其他（雨伞、饮用水、晕车药等）					
行中任务	了解明月峡中六道。					
	了解明月峡古栈道结构特点。					
	探究修栈道的孔眼是如何凿成的？					
	画出你所看见的古栈道。					
行后总结反思	本次研学活动的收获是什么？					
	你对明月峡的印象是什么？					
	理解明月峡交通发展变化的时代意义。					

注：1. "效果"一栏用"好""较好""一般"进行描述。

　　2. 完成情况描述尽量简洁。

行走先秦古道，探究古今交通
学生研学实践教育活动评价表

学校：　　　　　班级：　　　姓名：　　　　　日期：

评价指标		分值	评价结果	
一级指标	二级指标		个人评分	优秀/良好
思想品德	对人有礼貌，谈吐优雅，举止文明。	5		
	遵规守纪，有较强的自我控制能力。	5		
	助人为乐，主动关心、帮助他人。	5		
团队合作	集体荣誉感强，团队意识强。	5		
	遵守团队纪律，积极参与研学活动，与团队成员共同完成研学任务。	15		
	善于沟通交流，营造良好团队氛围。	5		
探究能力	主动思考、质疑，主动探究。	10		
	能够克服困难，完成探究任务。	10		
	善于收集素材，并整理总结。	15		
研学成效	高质量、按时完成研学任务	5		
	做好研学收获记录。	10		
	研学反思和体会。	10		
总分		100		

收获记录	
心得体会	
老师评价	等级

课程设计二　研习古城文化，探究古城文明

课程说明

昭化古城在春秋战国时期曾是一个小诸侯国（苴国），公元前316年，秦国灭蜀吞巴并苴，在成都建立蜀郡，在苴国区域建立葭萌县，因此称为"巴蜀第一县"。古城是一个具有丰富历史文化的古镇，拥有4 000多年的历史和2 200多年的连续建县史，既是国家重点风景名胜区剑门蜀道风景名胜区的重要组成部分，也是全国重点文物保护单位剑门蜀道遗址群的一部分，同时古城是迄今为止国内保存最为完好且唯一的一座三国古城。古城内保存了大量的文物古迹，包括古县衙、考棚、古驿道、古关隘、古城墙、古庙宇、石板街、古居民、古墓祠、古井、古桥和古树等，这些古迹见证了三国时期的历史事件，如刘备屯兵、费祎开府治事、张飞挑灯夜战马超、姜维兵困牛头山等。俯瞰昭化古城，犹如自然形成的太极图案，因此，昭化古城还享有"天下第一山水太极"之美誉。

研发此课程，旨在让学生了解昭化古城建筑特点，了解发生在这里的三国故事，感受古城文化和深厚的人文底蕴，感受独特的川北民俗民风，增进对乡土乡情的感情，培养学生对历史文化遗迹的保护意识。

课程目标

（1）了解古城历史及其建筑特点，感受古城文化的魅力。
（2）探究古代县衙机构设置及布局特点，了解古代县衙文化。
（3）探秘古代科举考试，正确理解古代科举考试与现在考试制度的差异。
（4）研习汉文化及汉服礼仪，增进对民族文化的认识。
（5）聆听发生在古城中的三国故事，感受三国的峥嵘岁月。

难点突破

（1）正确理解古代文化与现代文明的关系。
（2）增强对乡土乡情的认识，培养学生的家国情怀。

课程准备

一、行前准备

（1）查阅资料，了解昭化古城的建设历史。
（2）查阅资料，了解古城布局特点及机构设置。
（3）查阅资料，了解曾经发生在古城中的三国故事。
（4）准备好研学手册及研学所需的雨伞、饮用水、晕车药等用品。

二、行中任务

（1）明确研学手册任务目标。
（2）注重安全，精神饱满，积极参与，跟着研学老师开展活动课程。
（3）完成研学手册目标任务，并积极与他人分享本次研学收获。

三、行后总结反思

（1）本次研学活动你对古城了解多少？
（2）谈谈你对古城的印象。
（3）昭化古城保存完好，展示古城深厚的历史文化底蕴，这对你有何重要启示？

适用学段

初中、高中。

课程时长

120分钟。

课程流程

一、故事导入

由张飞大战马超、姜维兵困牛头山等故事导入课程。

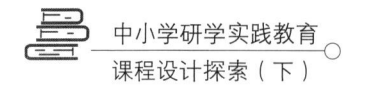

二、行走古城

将学生分组，由研学老师带领学生行走古城，整体感受古城的人文底蕴和风貌。

三、探秘古城

（1）探究古城城门的布局是否东西南北对称？
（2）探寻古城巷道布局特点。
（3）了解古城中有哪些古代机构设置？
（4）城中街道在古代有何讲究？
（5）探秘城中古代民居，感受川北民俗民风。

四、研习古城

（一）研习古代县衙文化

（1）参观县衙，了解古代县衙机构设置及布局特点。
（2）熟悉古代县衙审案流程，分角色进行情景剧体验，感受古代审案过程。

（二）走进古代科举考棚

（1）交流分享对科举制度的了解程度。
（2）参观考棚后交流分享古代学生是如何在考棚里考试？
（3）参观古代科考人员答题卷（着重看书写）并谈谈自己的感受。
（4）正确认识古代科举考试的时代意义（分享交流、教师点拨）。

五、三国古城

（1）再现张飞挑灯夜战马超。参观战胜坝，结合研学前观看的张飞挑灯夜战马超视频，穿越时空，再次感受挑灯夜战的场景。
（2）导师讲解姜维兵困牛头山的故事。结合行前收集的姜维兵困牛头山史料，跟着研学导师讲解再次感受姜维兵困牛头山的场景。
（3）聆听刘备屯兵、费祎开府治事的故事，感受古城三国历史。

六、走进民居

古城里有很多具有川北特色的民居,其中最具有代表性的是辜家大院。辜家大院是清代建筑,坐北朝南,格局完整,风貌古朴,布局讲究。

(1)跟着研学老师参观辜家大院,整体了解辜家大院建筑风貌。

(2)参观了解辜家大院布局特点并分享交流。

七、总结分享

(1)分组说说你的研学收获。

(2)昭化古城是一座文化之城、历史之城,为保护好古城,谈谈你的看法。

(3)完成本次研学任务。

研习古城文化，探究古城文明
学生研学实践教育活动任务单

学校			班级		姓名	
任务	内　容		完成情况			效　果
行前准备	了解昭化古城的布局特点。					
	观看张飞挑灯夜战马超视频，收集姜维兵困牛头山等相关史料。					
	准备好研学手册。					
	其他（雨伞、饮用水、晕车药等）。					
行中任务	了解县衙布局特点及机构设置。					
	了解考棚设置特点。					
	探究昭化古城城门设置及巷道布局特点。					
	参观古城民居并了解其布局特点。					
行后总结反思	你对古城知多少？					
	说说古城三国故事。					
	谈谈如何进行古城保护？					

注：1."效果"一栏用"好""较好""一般"进行描述。

2. 完成情况描述尽量简洁。

研习古城文化，探究古城文明
学生研学实践教育活动评价表

学校：　　　　　　班级：　　　　　姓名：　　　　　日期：

评价指标		分值	评价结果	
一级指标	二级指标		个人评分	优秀/良好
思想品德	对人有礼貌，谈吐优雅，举止文明。	5		
	遵规守纪，有较强的自我控制能力。	5		
	助人为乐，主动关心、帮助他人。	5		
团队合作	集体荣誉感强，团队意识强。	5		
	遵守团队纪律，积极参与研学活动，与团队成员共同完成研学任务。	15		
	善于沟通交流，营造良好团队氛围。	5		
探究能力	主动思考、质疑，主动探究。	10		
	能够克服困难，完成探究任务。	10		
	善于收集素材，并整理总结。	15		
研学成效	高质量、按时完成研学任务	5		
	做好研学收获记录。	10		
	研学反思和体会。	10		
总分		100		
收获记录				
心得体会				
老师评价			等级	

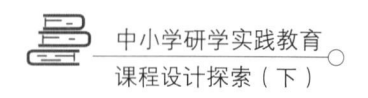

课程设计三　继承革命传统，赓续红色基因

课程说明

中国红军城位于旺苍县东河镇，占地约 1.5 平方千米，由旺苍县城老城的文昌街、王庙街、龙潭街 3 条主要街道和木市巷、何家巷、纪红巷 3 条小巷构成。在这"三街三巷"中，至今仍然保存有川陕省委、川陕省苏维埃政府、西北革命军事委员会和红四方面军总指挥部等川陕苏区 40 多个党政军主要领导机关遗址，从而形成全国现存面积最大、保存最好、遗址点最多的红军遗址群之一。旺苍曾是川陕苏区后期的政治、经济、军事和文化中心，红四方面军长征出发的集结地，也是支援前线的战略后方，徐向前、李先念、许世友等老一辈无产阶级革命家在这里运筹帷幄、挥师作战，留下了大量的红色革命遗址遗迹。当时，旺苍仅有 10 万人口，却有 1.2 万人参加了红军。他们中走出了 2 名将军、100 余名校官，4 000 余名旺苍英雄儿女为中国革命事业英勇捐躯，这是一座名副其实的红军城。

1993 年，四川省人民政府将红军城遗址群公布为省级历史文化名城；2002 年，旺苍红军城遗址群被命名为四川省级文物保护单位；2011 年被录入全国 100 个红色旅游经典景区名录，被四川省人民政府命名为省级爱国主义教育基地；2014 年，被授予四川省廉政教育基地；2015 年，被授予党史教育基地、国防教育基地；2016 年，被授予红军精神现场教学点；2017 年 11 月成功创建国家 AAAA 级旅游景区。

研发此课程，旨在让学生了解旺苍曾作为川陕苏区后期的政治、经济、军事和文化中心在中国革命事业中发挥的重要作用与历史意义，了解木门会议的重要历史意义，让学生铭记中国革命峥嵘岁月，懂得革命斗争的艰难，珍惜今天幸福美好生活，继承革命传统，赓续红色基因，做新时代的接班人。

课程目标

（1）了解旺苍曾作为川陕苏区后期的政治、经济、军事和文化中心在中国革命事业中发挥的重要作用与历史意义。

（2）了解木门会议的重要历史意义。

（3）感受红军精神，坚定理想信念，传承红色基因，增强爱国情感。

难点突破

如何将"智勇坚定、排难创新、团结奋斗、不胜不休"的伟大红军精神继承发扬？

课程准备

一、行前准备

（1）查阅资料，了解木门会议的历史背景。

（2）查阅资料，了解旺苍作为川陕苏区后期首府的历史意义。

（3）查阅资料，了解旺苍红色遗址遗迹。

（4）查阅资料，收集体现伟大红军精神的口号标语。

（5）准备好研学手册及研学所需的雨伞、饮用水、晕车药等用品，出发前穿好红军服。

二、行中任务

（1）明确研学手册任务目标。

（2）注重安全，精神饱满，积极参与，跟着研学老师开展活动课程。

（3）完成研学手册目标任务，并积极与他人分享本次研学的收获。

三、行后总结反思

（1）通过研学活动，你知道伟大的红军精神是什么？

（2）说说木门会议的历史意义。

（3）红军城有哪些革命旧址？红军城诞生的中国革命军队历史上"三个之最"是什么？

适用学段

初中、高中。

课程时长

180分钟（包括参观、讲解、活动体验等）。

课程流程

一、歌曲导入，营造红色氛围

穿好红军服，乘坐大巴前往红军城研学。途中可播放《十送红军》等革命歌曲，营造浓浓的红色研学氛围。

二、走进木门，重温红色历史

1933年春天，红四方面军取得了反蒋介石、田颂尧"三路围攻"的胜利，为巩固反三路围攻的胜利，建立川陕革命根据地，扩大红军队伍，红四方面军于当年6月28日在旺苍县木门寺召开了木门会议，这是红四方面军入川后召开的第一个重要军事会议。

木门会议旧址

将学生分组，由研学老师带领学生分组参观木门会议旧址。

（1）了解会议的时代背景及重要历史人物。

（2）了解会议的主要内容及历史意义。

（3）感受石刻标语所蕴含的崇高革命理想。

（4）参观革命先辈住所，感受革命先辈艰苦朴素的作风。

三、行走红军城,传承红色基因

(一)参观西北革命军事委员会、红四方面军总指挥部旧址

西北革命军事委员会、红四方面军总指挥部旧址

西北革命军事委员会、红四方面军总指挥部旧址位于旺苍红军城上清宫。上清宫最初修建于明代,后来经历代维修和扩修,方成今日规模。1934年10月,上清宫成为西北革命军事委员会和红四方面军总指挥部总部办公地,在随后发起的广昭战役和西渡嘉陵江战役中,这里成为指挥作战的核心。

将学生分组,由研学老师带领学生分组参观西北革命军事委员会、红四方面军总指挥部旧址。

(1)红军进驻旺苍,军部选址遵循的原则是什么?

(2)红军来到旺苍做了哪些工作?

(3)红军队伍为何能不断发展壮大?

(二)参观红三十一军军部旧址

红三十一军军部旧址位于红军城财神庙。1933年7月初,根据旺苍木门军事会议的决定,红三十一军将军部设在旺苍城内的财神庙。

将学生分组,由研学老师带领学生分组参观红三十一军军部旧址。

(1)红三十一军是由哪几部分组成?主要领导人是谁?最后发展成为多少人?

(2)红三十一军为中国革命做了哪些工作?取得哪些辉煌成绩?

（3）参观旧址前庭矗立的将军榜，记住将军们的名字，感受他们的丰功伟绩。

红三十一军军部旧址

将军榜上面展示的是红三十一军及其部队于1988年以前被授予将军军衔的144名将军名录，追溯了1名大将、8名上将、17名中将、118名少将的任职情况。

将军榜

（三）参观川陕省苏维埃工农剧团

将学生分组，由研学老师带领学生分组参观川陕省苏维埃工农剧团。
（1）通过参观剧团，了解剧团成立的过程。
（2）剧团采用了哪些形式对中国工农红军以及中国共产党的性质、宗旨及革命主张进行广泛的宣传？

（3）分享你最感兴趣的宣传标语、歌谣、快板等，谈谈你对宣传内容的理解。

四、聆听红色故事，赓续红色血脉

川陕苏区虽然只有短短两年时间，但红军在旺苍却留下了许多感人故事，红军队伍用严明的纪律、优良的作风、坚定的信念深深打动了当地的百姓，军民鱼水情得到了深刻的诠释。

（1）聆听李先念体谅民情、王树声严于律己、张琴秋以身作则的故事。

（2）观看电影《强渡嘉陵江》。

研学老师组织学生聆听红军的故事、观看电影后并交流：这是一支怎样的人民军队？

五、体验红军生活，发扬红军精神

（一）活动内容

结合红军城背景特色，设置编红军草鞋、伤员救护、写红军标语、穿越火线、射击打靶、运军粮等红军生活场景的实践活动课程。

（二）活动目的

通过实践活动体验，让学生感受到革命战争年代红军艰苦的生活场景，感受红军为了理想不怕牺牲的革命精神，深刻理解"智勇坚定、排难创新、团结奋斗、不胜不休"的伟大红军精神。

（三）活动实施

研学老师将学生分成不同的小组同时进行体验，体验完毕再进行交换，每组至少完成两项体验活动。

六、总结分享，红军精神入我心

（1）分组说说你心中的红军。

（2）谈谈木门会议的历史意义。

（3）谈谈作为新时代的接班人，为了祖国的富强、民族的复兴，你该怎样做？

注：以上相关图片及资料由旺苍红军城管委会及木门会议纪念馆提供。

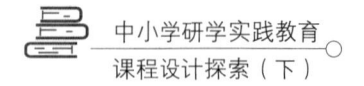

继承革命传统，赓续红色基因
学生研学实践教育活动任务单

学校		班级		姓名	
任务	内容	完成情况			效果
行前准备	查阅资料，了解木门会议的历史背景。				
	收集红军城红军旧址相关资料。				
	准备好研学手册。				
	其他（雨伞、饮用水、晕车药等）。				
行中任务	木门会议的历史意义是什么。				
	了解红三十一军建立的过程。				
	红军到了旺苍做了哪些工作？				
	红军历史上的三大建制是什么？				
行后总结反思	你对红军的了解程度。				
	讲讲你知道的红军故事。				
	为国家富强、民族复兴，你该怎样做？				

注：1. "效果"一栏用"好""较好""一般"进行描述。

2. 完成情况描述尽量简洁。

继承革命传统，赓续红色基因
学生研学实践教育活动评价表

学校：　　　　班级：　　　　姓名：　　　　　　日期：

评价指标		分值	评价结果	
一级指标	二级指标		个人评分	优秀/良好
思想品德	对人有礼貌，谈吐优雅，举止文明。	5		
	遵规守纪，有较强的自我控制能力。	5		
	助人为乐，主动关心、帮助他人。	5		
团队合作	集体荣誉感强，团队意识强。	5		
	遵守团队纪律，积极参与研学活动，与团队成员一起完成研学任务。	15		
	善于沟通交流，营造良好的团队氛围。	5		
探究能力	主动思考、质疑，主动探究。	10		
	能够克服困难，完成探究任务。	10		
	善于收集素材，并整理总结。	15		
研学成效	高质量、按时完成研学任务。	5		
	做好研学收获记录。	10		
	研学反思和体会。	10		
总分		100		

收获记录	
心得体会	
老师评价	等级

第二章 蜀道奇观——翠云廊生态研学实践教育课程设计

课程说明

清康熙三年（公元 1664 年），剑州知州乔钵在诗中写道："剑门路，崎岖凹凸石头路。两行古柏植何人？三百里程十万树。翠云廊，苍烟护，苔花荫雨湿衣裳，回柯垂叶凉风度。无石不可眠，处处堪留句。龙蛇蜿蜒山缠亘，传是昔年李白夫，奇人怪事教人妒。休称蜀道难，错莫剑门路。"自此诗后，"翠云廊"这个充满诗情画意的名字，便成了"剑州路柏"的雅称。景韵如画，取名于诗。好一个"翠"字，把翠云廊的美写得是那样"绝"，那样朦胧，如雾、如烟、如云、如纱，娇艳欲滴，青春永葆，生命亘古。

如今的"翠云廊"是古蜀道上由千年古柏形成的一条绿色长廊，这里浓荫夹道，古柏成行，无数参天大树高擎翠盖，紧挽臂膀，遮天蔽日于千山万壑，云遮雾绕于涧畔岭头，如绿色苍龙逶迤于崇山峻岭之中。在川陕公路和宝成铁路尚未开通的整个旧时代，"翠云廊"所在的古驿道，是出入巴蜀的"官马大道"，具有重要的政治、军事、经济和文化意义，是一条政治之"廊"、军事之"廊"、经济之"廊"、文化之"廊"，也是南方"丝路之廊"的重要组成部分。在这条古蜀道上，有观云亭、汉德驿、剑阁柏、"帅大"柏、"阿斗"柏、宋柏、"三国鼎立"柏、拦马墙、门坎石、饮马槽等自然生态、历史遗迹及人文景观。

自秦汉以来，人们在廊道两旁植柏表道，才形成了如今这条浓荫夹道、古柏成行、翠盖高擎的绿色长廊。

开发此系列课程，旨在引导学生了解"翠云廊"的过去与现在，了解古代驿站文化、传承古代文明，了解自然生态保护的重要意义及科学方法，感受其生态自然之美、历史文化之美，懂得保护古树名木的重要性，传承古代优秀传统文化，增强生态环保意识，增强对"四个自信"的认同感，培养学生做有担当的时代新人，做古树名木的保护者，做优秀传统文化的传承者。

课程设计一　云亭望"廊"，感悟诗情画意

课程目标

（1）了解翠云廊名字的由来。
（2）初步感受翠云廊的诗意之美、自然之美。
（3）了解自然生态和谐共生及科学保护古树名木的方法。

难点突破

理解翠云廊的意义和价值，做生态文明的守护者。

课程准备

一、行前准备

（1）查阅资料，了解乔钵诗与翠云廊的关系。
（2）查阅资料，了解为什么在翠云廊下种一片火棘林。
（3）准备好研学手册及研学所需的雨伞、饮用水、晕车药等用品。

二、行中任务

（1）明确研学手册的任务目标。
（2）注重安全，精神饱满，积极参与，跟着研学老师开展活动课程。
（3）完成研学手册的目标任务，并积极与他人分享本次研学的收获。

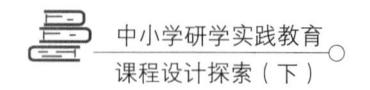

三、行后总结反思

（1）本次研学活动你收获了哪些知识？
（2）你对翠云廊的感受是什么？
（3）保护翠云廊，你将准备怎样做？

适用学段

小学高段、初中、高中。

课程时长

30分钟。

课程流程

一、登亭望"廊"

（1）情境导入，远观翠云廊，初识翠云廊。（讲解）
（2）用一句话描述你眼中的翠云廊。

二、诗意话"廊"

（一）展示乔钵诗

"剑门路，崎岖凹凸石头路。两行古柏植何人？三百里程十万树。翠云廊，苍烟护，苔花荫雨湿衣裳，回柯垂叶凉风度。无石不可眠，处处堪留句。龙蛇蜿蜒山缠互，传是昔年李白夫，奇人怪事教人妒。休称蜀道难，错莫剑门路。"

（二）理解乔钵诗

抽取学生朗读乔钵诗，并能从字里行间理解其意。
（1）剑门路的特点是什么？
（2）体悟翠云廊的画面意境。
（3）李白夫指的是谁？
（4）全诗表达了作者怎样的情感？

三、笔下画"廊"

结合乔钵诗及眼前所见,描画(描述)出你心中的翠云廊(用笔描绘或用语言描述)。

四、"火""廊"之情

(1)了解火棘林的特点及生长习性。
(2)火棘林对翠云廊的柏树有何重要意义。

五、和谐之"廊"

理解自然生态和谐共生,科学保护古树名木。

六、总结分享

(1)在本次活动中,你学到了什么?
(2)保护生态自然,你该怎样做?

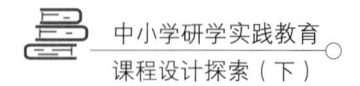

云亭望"廊",感悟诗情画意
学生研学实践教育活动任务单

学校		班级		姓名	
任务	内　　容	完成情况			效　果
行前准备	了解翠云廊名字的由来。				
	查阅资料,了解乔钵诗与翠云廊的关系。				
	准备好研学手册。				
	其他(雨伞、饮用水、晕车药等)。				
行中任务	感受乔钵诗所表达的意境。				
	了解为什么在翠云廊下种一片火棘林?				
	初步感受翠云廊的诗意之美、自然之美。				
	描绘出你所看见的翠云廊。				
行后总结反思	本次研学活动的收获是什么?				
	你对翠云廊的初步感受是什么?				
	保护翠云廊,你将做什么?				

注:1."效果"一栏用"好""较好""一般"进行描述。

2. 完成情况描述尽量简洁。

云亭望"廊",感悟诗情画意
学生研学实践教育活动评价表

学校:　　　　　班级:　　　　　姓名:　　　　　日期:

<table>
<tr><td colspan="2">评价指标</td><td rowspan="2">分值</td><td colspan="2">评价结果</td></tr>
<tr><td>一级指标</td><td>二级指标</td><td>个人评分</td><td>优秀/良好</td></tr>
<tr><td rowspan="3">思想品德</td><td>对人有礼貌,谈吐优雅,举止文明。</td><td>5</td><td></td><td></td></tr>
<tr><td>遵规守纪,有较强的自我控制能力。</td><td>5</td><td></td><td></td></tr>
<tr><td>助人为乐,主动关心、帮助他人。</td><td>5</td><td></td><td></td></tr>
<tr><td rowspan="3">团队合作</td><td>集体荣誉感强,团队意识强。</td><td>5</td><td></td><td></td></tr>
<tr><td>遵守团队纪律,积极参与研学活动,与团队成员共同完成研学任务。</td><td>15</td><td></td><td></td></tr>
<tr><td>善于沟通交流,营造良好团队氛围。</td><td>5</td><td></td><td></td></tr>
<tr><td rowspan="3">探究能力</td><td>主动思考、质疑,主动探究。</td><td>10</td><td></td><td></td></tr>
<tr><td>能够克服困难,完成探究任务。</td><td>10</td><td></td><td></td></tr>
<tr><td>善于收集素材,并整理总结。</td><td>15</td><td></td><td></td></tr>
<tr><td rowspan="3">研学成效</td><td>高质量、按时完成研学任务。</td><td>5</td><td></td><td></td></tr>
<tr><td>做好研学收获记录。</td><td>10</td><td></td><td></td></tr>
<tr><td>研学反思和体会。</td><td>10</td><td></td><td></td></tr>
<tr><td colspan="2">总分</td><td>100</td><td></td><td></td></tr>
</table>

收获记录	
心得体会	
老师评价	等级

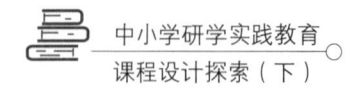

课程设计二 驿路话"廊"，传承"廊道"文化

课程目标

（1）了解驿道在古代的重要意义。
（2）了解亭、铺、驿在古驿道上的布局特点。
（3）了解历史上大规模植柏历史及张飞植柏。

难点突破

（1）驿站文化与现代文明，理解文化传承的重要意义。
（2）历代植柏的重要意义，增强中小学生环保意识。

课程准备

一、行前准备

（1）查阅资料，了解古代亭、铺、驿的相关知识。
（2）查阅资料，了解古蜀道大规模植柏及张飞植柏的历史。
（3）准备好研学手册及研学所需的雨伞、饮用水、晕车药等用品。

二、行中任务

（1）明确研学手册的任务目标。
（2）注重安全，积极参与，跟着研学老师开展活动课程。
（3）完成研学手册的目标任务，并积极与他人分享本次研学的收获。

三、行后总结反思

（1）本次研学活动你收获了哪些知识？
（2）感悟历史上各朝代古人植柏对后世的影响。

适用学段

初中。

课程时长

30分钟。

课程流程

一、初识驿道

（一）直接导入

让学生介绍通过行前查阅资料，说说你所了解的古代驿站都有哪些元素？作用是什么？

（二）参观汉德驿

结合所查阅的资料，了解古代驿站的基本情况。

二、驿路文化

（1）研学老师讲解"汉德驿"名字的由来。

（2）研学老师介绍古代驿站文化，讲解古代驿、铺、亭的相关知识，学生了解驿、铺、亭的作用。

（3）剑门蜀道驿站的作用：剑门蜀道驿站文化有一套完整的路政、军事、邮传等管理体系，既能解决护树、护路和沿途邮传、治安问题，又能解决往来行人吃、住、行的问题，与今天的路政、交警以及高速公路服务站各司其职差不多。翠云廊的汉德驿，是中国北方陆地丝绸之路的必经之地。马帮在白天风雨兼程，总渴望在傍晚驻足停留驿铺。汉德驿是历史繁荣昌盛的见证，是我们现代文明组成不可缺失的部分。

三、张飞植柏

（1）参观翠云廊博物馆，了解从古至今历代植柏的历史。

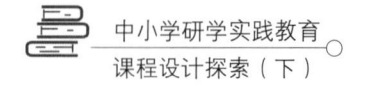

（2）了解张飞植柏故事。

四、驿道穿越

现场体会，角色扮演。假如你是古代的信使、马帮、驿站工作人员，模拟有人途经汉德驿传递消息、换马、歇脚、住宿等其中一个场景，展示当时驿站的情况。

五、总结分享

（1）在本次活动中，你对驿站文化感受最深的是什么？
（2）历代及张飞植柏的历史意义及时代意义？

驿路话"廊",传承"廊道"文化
学生研学实践教育活动任务单

学校			班级		姓名	
任务	内　容		完成情况			效　果
行前准备	查阅资料,了解古蜀道大规模植柏及张飞植柏的历史。					
	查阅资料,了解驿道在古代的重要意义。					
	查阅资料,了解古代亭、铺、驿的相关知识。					
	准备好研学手册及其他(雨伞、饮用水、晕车药等)。					
行中任务	了解亭、铺、驿在古驿道上的布局特点。					
	驿站文化与现代文明,理解文化传承的重要意义。					
	历代植柏的重要意义,增强中小学生的环保意识。					
行后总结反思	本次研学活动的收获是什么?					
	历史上各朝代古人植柏对后世的影响。					

注:1. "效果"一栏用"好""较好""一般"进行描述。

　　2. 完成情况描述尽量简洁。

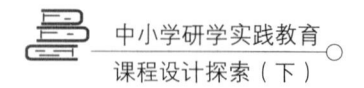

驿路话"廊",传承"廊道"文化
学生研学实践教育活动评价表

学校:　　　　　　班级:　　　　　姓名:　　　　　　日期:

评价指标		分值	评价结果	
一级指标	二级指标		个人评分	优秀/良好
思想品德	对人有礼貌,谈吐优雅,举止文明。	5		
	遵规守纪,有较强的自我控制能力。	5		
	助人为乐,主动关心、帮助他人。	5		
团队合作	集体荣誉感强,团队意识强。	5		
	遵守团队纪律,积极参与研学活动,与团队成员一起完成研学任务。	15		
	善于沟通交流,营造良好团队氛围。	5		
探究能力	主动思考、质疑,主动探究。	10		
	能够克服困难,完成探究任务。	10		
	善于收集素材,并整理总结。	15		
研学成效	高质量、按时完成研学任务。	5		
	做好研学收获记录。	10		
	研学反思和体会。	10		
总分		100		

收获记录	
心得体会	
老师评价	等级

课程设计三 交树交印，传承生态文明

课程目标

（1）了解北宋、南宋、明清、民国时期以及新中国成立后各时期护树的相关制度。
（2）了解交树交印传统文化的来历。
（3）理解践行生态文明与传承中华优秀传统文化的时代意义。

难点突破

深刻理解生态文明保护，传统文化继承对后世的影响。

课程准备

一、行前准备

（1）查阅资料，了解历史上各时期护树的相关资料。
（2）查阅资料，了解交树交印起于何时？有何深远影响？
（3）准备好研学手册及研学所需的雨伞、饮用水、晕车药等用品。

二、行中任务

（1）明确研学手册的任务目标。
（2）注重安全，积极参与，跟着研学老师开展活动课程。
（3）完成研学手册的目标任务，并积极与他人分享本次研学的收获。

三、行后总结反思

通过本次研学活动，你收获了什么？懂得了什么道理？作为生态文明的践行者，今后你该怎样做？

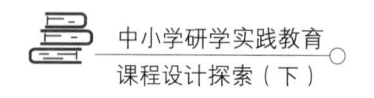

适用学段

初中、高中。

课程时长

40分钟。

课程流程

一、课题导入

经先秦两汉，下至明清人们上千年的付出，才形成了举世无双的剑门蜀道翠云长廊。在这个过程中，除了历朝历代重视植树外，更与历代统治者重视对驿路驿树的严令保护有很大关系。自有驿道和行道树以来，老百姓便以护路爱树为己任，世代沿袭。保护古柏，泽被后世。（讲解、引导）

二、探究保护古柏的优良传统

翠云廊古柏是前人留下的宝贵财富，研学古柏保护历史，传承古代植柏、管柏、护柏的优良传统。（合作、探究、交流、分享）

（一）管柏机制

从管理制度、管理机构、管理人员等方面，探究翠云廊古柏的管理机制。

（二）护柏措施

从点窝登记、交接考绩、纠办从严等方面，探究翠云廊古柏的保护措施。

（三）历代护柏

从不同历史时期，探究翠云廊古柏的历代保护情况。

三、建设生态文明，落实"林长制"

为坚定贯彻习近平生态文明思想，全面践行"绿水青山就是金山银山"理念，"像保护熊猫一样保护古柏"，推进林长制工作落地见效，如今，政府

对翠云廊的保护制度更完善、方法更科学、成效更显著。（合作、探究、交流、分享）

四、实景演绎，交树交印

实景演绎"交树交印"。清代对古柏建立起了登记、编号、悬牌示逾等保护与管理制度，并规定剑阁县的历任州、府、县、道官员高度重视并保护好这些皇家的柏树，凡是官吏更替，离任和接任者都要一起走马点树（数），数目清方可交印。这一制度一直延续至今。（体验、感悟、分享）

五、总结分享

（1）从历代护柏到古柏润泽后世，谈谈建设生态文明，保护古柏的时代意义。（交流、分享）

（2）保护古柏，我该怎样做？（交流、分享）

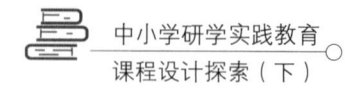

交树交印，传承生态文明
学生研学实践教育活动任务单

学校			班级		姓名	
任务	内　容		完成情况			效　果
行前准备	查阅资料，了解北宋、南宋、明清、民国时期以及新中国成立后各时期护树的相关制度。					
	查阅资料，了解交树交印传统文化的来历。					
	现在为保护古柏采取了哪些措施。					
	准备好研学手册及研学所需的雨伞、饮用水、晕车药等用品。					
行中任务	精细护柏的措施方法。					
	创新管柏的措施。					
	探究保护古柏的优良传统有哪些？					
行后总结反思	本次研学活动的收获是什么？					
	从各时期护柏到古柏润泽后世，谈谈建设生态文明，保护古柏的时代意义？					

注：1."效果"一栏用"好""较好""一般"进行描述。
　　2.完成情况描述尽量简洁。

交树交印，传承生态文明
学生研学实践教育活动评价表

学校：　　　　　　班级：　　　　姓名：　　　　　　日期：

评价指标		分值	评价结果	
一级指标	二级指标		个人评分	优秀/良好
思想品德	对人有礼貌，谈吐优雅，举止文明。	5		
	遵规守纪，有较强的自我控制能力。	5		
	助人为乐，主动关心、帮助他人。	5		
团队合作	集体荣誉感强，团队意识强。	5		
	遵守团队纪律，积极参与研学活动，与团队成员一起完成研学任务。	15		
	善于沟通交流，营造良好团队氛围。	5		
探究能力	主动思考、质疑，主动探究。	10		
	能够克服困难，完成探究任务。	10		
	善于收集素材，并整理总结。	15		
研学成效	高质量、按时完成研学任务。	5		
	做好研学收获记录。	10		
	研学反思和体会。	10		
总分		100		

收获记录	
心得体会	
老师评价	等级

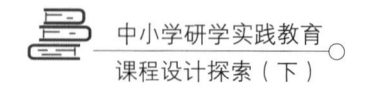

课程设计四　好大一棵树，绿色的祝福

课程目标

（1）感受翠云廊自然生态之美。
（2）了解翠云廊的过去和现在。
（3）探秘翠云廊历史文化，了解古代道路交通特征。
（4）培养学生生态环保意识，做生态文明的守护者。

难点突破

由树及人，培养学生对自然、对家乡、对祖国的热爱之情，做有担当的时代好少年。

课程准备

一、行前准备

（1）网上查阅翠云廊名称由来、地理位置等资料，初步了解翠云廊。
（2）准备好研学手册。

二、行中任务

（1）明确研学手册的目标任务。
（2）确保安全，积极参与，跟着研学老师开展研学活动。
（3）完成研学手册的目标任务，并积极与他人分享本次研学的收获。

三、行后总结反思

（1）本次研学活动你最大的收获是什么？
（2）热爱自然，保护生态，我该怎样做？

适用学段

小学 4～6 年级。

课程时长

50 分钟。

课程流程

情境导入，开启活动课程。（由眼前之景联想歌曲——《好大一棵树》自然导入）

一、一句话的"廊"

漫步廊道，整体感知廊道浓荫夹道，古柏成行，参天大树高擎翠盖，面对此景，用一句话或一个词说出你眼中的"廊"与"树"。

二、"廊"下故事多

（1）观察翠云廊古柏，讨论古柏已历经几千年，但却巍然挺立，苍翠挺拔，直入云天，靠的是什么？

（2）翠云廊有很多树有别名，请说说你发现了哪些树的别名？这些别名有什么特点？你能给树取个雅名吗？（可从历史典故、传说、形状、人名、地名、年代等角度思考）

（3）解读翠云廊之"翠"字。（由乔钵诗曰"翠云廊"到眼前树，进一步理解"翠"的含义）

（4）最早的高速公路特点：门坎石、拦马墙、饮马槽。（教师引导、点拨）

（5）独一无二的剑阁柏。（观察、讨论、设疑）

三、多情翠云廊

（1）"阿斗"柏名字的来历。（教师引导、点拨，正确理解民间传说与现实的关系）

（2）"帅大"柏名字的来历。（由地方文化引入、教师讲解）

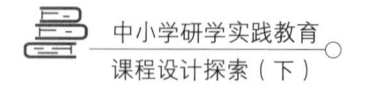

（3）理解"要把古树名木保护好，把优秀传统文化传承好""剑阁是个好地方，我还没看够"的内涵。（分享交流）

四、对话翠云廊

（1）穿越时空，拥抱古柏，与古柏来一次深情交流。（分享、交流）
（2）研学翠云廊，你感悟到了什么？（分享、讨论）

五、展望翠云廊

（一）总　结

翠云廊的树经过千百年来的种植与保护，曾经的幼苗，如今苍翠挺拔、高入云天，成为人类的财富。现在的你们，犹如道旁小树，扎根时代土壤，沐浴阳光雨露，将来必成参天大树。

（二）延　伸

（1）梳理本次研学的收获。
（2）把翠云廊的故事带回家，讲述"剑阁是个好地方"。

好大一棵树，绿色的祝福
学生研学实践教育活动任务单

学校			班级		姓名	
任务	内　容		完成情况			效　果
行前准备	网上查阅翠云廊名称由来、地理位置等资料，初步了解翠云廊。					
	收集有关翠云廊的名人故事。					
	准备好研学手册。					
	其他（雨伞、饮用水、晕车药等）。					
行中任务	给古柏取个名。					
	古柏为何能长这么高大？					
	探究拦马墙、门坎石、饮马槽的作用。					
	探究"帅大"柏名字的由来。					
	剑阁柏有哪些特点？					
行后总结反思	本次研学活动的收获是什么？					
	为什么要保护古树柏？你该怎样做？					

注：1."效果"一栏用"好""较好""一般"进行描述。

　　2.完成情况描述尽量简洁。

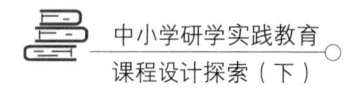

好大一棵树，绿色的祝福
学生研学实践教育活动评价表

学校：　　　　　班级：　　　　　姓名：　　　　　日期：

评价指标		分值	评价结果	
一级指标	二级指标		个人评分	优秀/良好
思想品德	对人有礼貌，谈吐优雅，举止文明。	5		
	遵规守纪，有较强的自我控制能力。	5		
	助人为乐，主动关心、帮助他人。	5		
团队合作	集体荣誉感强，团队意识强。	5		
	遵守团队纪律，积极参与研学活动，与团队成员一起完成研学任务。	15		
	善于沟通交流，营造良好团队氛围。	5		
探究能力	主动思考、质疑，主动探究。	10		
	能够克服困难，完成探究任务。	10		
	善于收集素材，并整理总结。	15		
研学成效	高质量、按时完成研学任务。	5		
	做好研学收获记录。	10		
	研学反思和体会。	10		
总分		100		
收获记录				
心得体会				
老师评价			等级	

课程设计五 以"廊"之魂，育时代之"树"

课程目标

（1）感受翠云廊自然生态之美，历史文化之美。

（2）探秘翠云廊历史文化，培养学生对其优秀传统文化的认同感，做生态文明的践行者、古树名木的保护者、优秀传统文化的传承者。

（3）通过动脑动手，培养学生积极健康的心态，促进学生形成正确的世界观、人生观和价值观，争做时代新人。

难点突破

（1）正确理解翠云廊优秀历史文化的时代意义。

（2）传承发扬古柏精神，成为未来参天大树，做有担当的时代新人。

课程准备

一、行前准备

（1）网上查阅古蜀道的历史地位与作用。

（2）查阅翠云廊与古蜀道的关系。

（3）收集有关翠云廊的名人故事。

（4）准备好研学手册。

二、行中任务

（1）明确研学手册的任务目标。

（2）精神饱满，积极参与，跟着研学老师开展活动课程。

（3）完成研学手册的目标任务，并积极与他人分享本次研学的收获。

三、行后总结反思

（1）本次研学活动你收获了哪些知识？

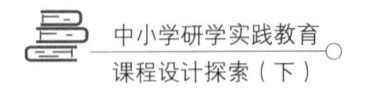

（2）本次研学活动你有怎样的深刻体会？

（3）通过本次研学活动，对你今后人生成长有何重要意义？你将准备怎样做？

适用学段

初中。

课程时长

50分钟。

课程流程

情境导入，开启活动课程（概述"亭上观廊""驿路话廊"内容，由眼前之景自然导入）。

一、以树为媒，礼赞古柏

（一）漫步廊道，同频共振

漫步廊道，整体感知廊道浓荫夹道，古柏成行，参天大树高擎翠盖，面对此景谈感受。

（二）驻足观赏，解密古柏

古柏已历经几千年，但却巍然挺立，苍翠挺拔，直入云天，靠的是什么？（观察、讨论）

（三）历史传说，寄情于树

翠云廊有很多树有别名，请说说都有哪些？你能给树取个雅名吗？（可从历史、典故、传说、形状、人名、地名等角度思考）

二、"廊"下探秘，传承文明

（一）换掉"翠"字又如何

由乔钵诗曰"翠云廊"到眼前树，通过换字品味，进一步理解"翠"的

内涵。（联想、想象、领悟、分享）

（二）融合之"廊"

在历史进程中，翠云廊曾发挥过重要的作用，漫步翠云廊，探究其作用。（探究、讨论）

（三）最早的高速公路雏形

探寻最早的高速公路雏形时，可见门坎石、拦马墙、饮马槽等独特之处。（教师引导、点拨）

（四）正解传说

"阿斗"柏的来历。（教师点拨、讨论）

（五）"帅大柏"名字的来历

讲述"帅大"柏的故事以及地方方言拾趣方面分析"帅大"柏的来历。（交流分享）

（六）古柏抱汉砖

以古柏抱汉砖历史遗存，探究古柏的种植年代及年龄。（观察、探究、讨论）

（七）松柏长青话神奇

了解世界上独一无二剑阁柏的特点，感悟其神奇，培养其保护意识。（观察、讨论、设疑）

（八）荔枝道与翠云廊

杨贵妃吃的荔枝是经这里运往长安的吗？（探究、讨论、引导）

三、名人画"廊"，树韵留香

欣赏张爱萍、沙孟海题写"翠云廊"的艺术之美。

（一）张爱萍题写"翠云廊"

笔法"如锥画沙"的笔法，全部用中锋行笔。着墨处线条很细，翻转处

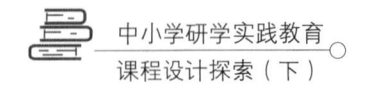

行云流水，整体结构犹如千年古藤，苍劲有力。（点拨、观察、讨论）

（二）沙孟海书"翠云廊"

风格沉着内敛，雄浑厚重，充分体现了他在"动态中间求平稳，不平衡中求平衡"的价值追求。（点拨、观察、讨论）

四、以"廊"之魂，育时代之"树"

（一）传承"廊"道精神

研学翠云廊，感悟翠云廊的历史文化、自然神韵、民俗风情，传承其精神。（讨论、分享）

（二）培育时代之树

讨论交流翠云廊精神、文化，培养担时代之责的"廊"的传人。（交流、展示）

（三）践行"廊"道之魂

未来之树茁壮成长，廊道精神传遍天下。（总结、分享）

五、拓展延伸，总结分享

（一）拓展延伸

（1）拥抱古柏，与之进行深情交流。（感悟、分享）
（2）要成为生态文明的践行者、古树名木的保护者、优秀传统文化的传承者，我们该怎样做？（讨论、分享、交流）

（二）总结分享

（1）梳理本次研学收获，并把本次收获分享给你身边的人。（分享）
（2）总结。同学们，你们沐浴时代阳光雨露，扎根时代土壤，愿你们胸怀祖国蓝天，经风霜雪雨，成就最好的自己，如古柏挺拔屹立，泽润后世，以青春之名，担时代之责，立志做生态文明的践行者，古树名木的保护者，优秀传统文化的传承者。

以"廊"之魂,育时代之"树"
学生研学实践教育活动任务单

学校		班级		姓名	
任务	内　　容	完成情况			效　果
行前准备	网上查阅古蜀道的历史地位与作用。				
	查阅翠云廊与古蜀道的关系。				
	收集有关翠云廊的名人故事。				
	准备好研学手册。				
	其他(雨伞、饮用水、晕车药等)。				
行中任务	古柏历经几千年,但却巍然挺立,靠的是什么?				
	探究翠云廊的历史地位与作用。				
	探究杨贵妃所吃荔枝运输经过翠云廊吗?				
	探究"帅大"柏名字的由来。				
	探究古代高速公路的雏形。				
行后总结反思	本次研学活动的收获是什么?				
	探究古柏所体现出的精神。				
	为保护好古树名木你该怎样做?				

注:1. "效果"一栏用"好""较好""一般"进行描述。

　　2. 完成情况描述尽量简洁。

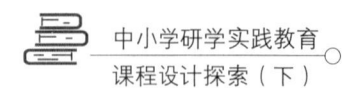

以"廊"之魂，育时代之"树"
学生研学实践教育活动评价表

学校：　　　　班级：　　　　姓名：　　　　日期：

评价指标		分值	评价结果	
一级指标	二级指标		个人评分	优秀/良好
思想品德	对人有礼貌，谈吐优雅，举止文明。	5		
	遵规守纪，有较强的自我控制能力。	5		
	助人为乐，主动关心、帮助他人。	5		
团队合作	集体荣誉感强，团队意识强。	5		
	遵守团队纪律，积极参与研学活动，与团队成员一起完成研学任务。	15		
	善于沟通交流，营造良好团队氛围。	5		
探究能力	主动思考、质疑，主动探究。	10		
	能够克服困难，完成探究任务。	10		
	善于收集素材，并整理总结。	15		
研学成效	高质量、按时完成研学任务。	5		
	做好研学收获记录。	10		
	研学反思和体会。	10		
总分		100		

收获记录	

心得体会	

老师评价		等级	

课程设计六　以青春之名，传古柏之韵

课程目标

（1）感受翠云廊自然生态之美，历史文化之美。

（2）探秘翠云廊历史文化，深刻理解其政治、经济、文化、军事意义。

（3）增强对其优秀传统文化的认同感，做生态文明的践行者、古树名木的保护者、优秀传统文化的传承者。

（4）通过动脑动手，进一步培养学生积极健康的心态，促进学生形成正确的世界观、人生观和价值观，争做时代新人。

难点突破

（1）理解翠云廊作为"融合之廊"的时代意义。

（2）传承发扬古柏精神，增强对其优秀传统文化的认同感，做生态文明的践行者、古树名木的保护者、优秀传统文化的传承者；做有担当的时代新人。

课程准备

一、行前准备

（1）查阅古蜀道在历史上的政治、经济、军事、文化历史意义。

（2）查阅翠云廊植树与护树相关史料。

（3）收集有关翠云廊的名人故事。

（4）准备好研学手册。

二、行中任务

（1）明确研学手册的任务目标。

（2）根据行前查阅收集的资料，带着任务跟着老师研学。

（3）完成研学手册的目标任务，并积极与他人分享本次研学的收获。

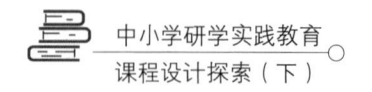

三、行后总结反思

（1）分享本次研学收获。

（2）讨论分享，作为时代青年，如何用实际行动传承秀传统文化？做生态文明的践行者、古树名木的保护者、优秀传统文化的传承者，做有担当的时代新人。

适用学段

高中。

课程时长

50分钟。

课程流程

由"驿路文化"活动课程自然导入，开启翠云廊探秘之旅。

一、漫步廊道，礼赞古柏

（一）触景生情赞古柏

漫步古柏成行、浓荫夹道的翠云廊，触景生情，用最喜欢的方式说出初识翠云廊的感受并分享交流。

（二）廊下观柏传其韵

观察古柏根、干、枝、叶及整个树形、树貌等，感悟其神韵，并讨论分享。

（三）名传千古寄情思

人们根据历史、典故、传说、形状、人名、地名等角度给翠云廊的树取了很多别名，来表达美好祝愿（如"夫妻"柏）、人物的赞美（如"结义"柏、"帅大"柏）、历史的评价（如"阿斗"柏）等，以树为名，礼赞古柏，发挥你的才智，给古柏起个雅名。（可从时间、历史典故、传说、形状、人名、地名等角度思考）

二、寻根溯源，廊下探秘

（一）"诗"与"廊"的情缘

抽生说说乔钵诗与翠云廊的关系，简述乔钵诗中所体现的情感。

（二）怎一个"翠"字了得

结合诗与现实，以我观物，叹："这次第，怎一个'翠'字了得"，深刻理解翠云廊之神韵。（品鉴、思考、分享）

（三）蜀道第一"廊"

根据所掌握的史料，从政治、经济、文化、军事等角度谈翠云廊，深刻理解其重要的地位与价值，理解翠云廊是一条"融合之廊"。（点拨、探究）

（四）最早的高速公路

（1）完备的设施配置：门坎石、拦马墙、饮马槽。
（2）媲美于欧洲罗马大道。（引导、点拨、探究）

（五）树与人的传说

（1）正确理解人们寄情于树的传说。
（2）正确解释"阿斗"柏形成现在状貌的原因。（设疑、探究、讨论、点拨）

（六）神奇的剑阁柏

了解剑阁柏的特点，激发学生对剑阁柏繁衍生殖的浓厚兴趣，增强对古柏的保护意识（观察、讨论、设疑）

（七）红尘一骑妃子笑

探究杨贵妃吃的荔枝是否从此运往长安。（探究、讨论、引导）

（八）蜀道清风千古传

探究蜀道上的廉政文化。（探究、收集、讨论）

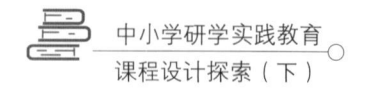

三、名人话"廊",树韵留香

以伟人、名人对翠云廊评价、嘱托及墨迹,启迪当代青年,传"廊"道精神,担时代之责。

(1)引导学生讨论"要把古树名木保护好,把优秀传统文化传承好"的时代意义。(讨论、交流、分享)

(2)感悟"剑阁是个好地方,我还没看够。"这句话的内涵。(交流、分享)

(3)书画"翠云廊"。鉴赏张爱萍、沙孟海题写"翠云廊"的书画艺术。(鉴赏、交流、点拨、引导)

四、以青春之名,传古柏之韵

(1)通过研学翠云廊,从古柏、古道、古人的身上传习"廊"道精神。(讨论、分享、交流)

(2)翠云廊是一条诗意大道、文化大道、融合大道,要保护好、传承好,做廊道文化的时代传人。(引导、讨论、交流)

五、拓展延伸,总结分享

(一)想跟古柏说句话

古柏历经千年,既是人类的杰作,更是大自然的"精灵",它聚天地之灵气,观历史之风云,传千古之文明。拥抱古柏,穿越时空,与古柏深情交流,说句心里话。(感悟、分享)

(二)我为古柏做代言

创设一句宣传保护古柏的广告词,为古柏代言。(创作、分享)

(三)"剑阁是个好地方"

梳理本次研学收获,把翠云廊的故事带回家,讲述"剑阁是个好地方"。

以青春之"名",传古柏之"韵"
学生研学实践教育活动任务单

学校		班级		姓名	
任务	内　容	完成情况		效　果	
行前准备	查阅古蜀道在历史上的政治、经济、军事、文化、历史意义。				
	查阅翠云廊植树与护树的相关史料。				
	准备好研学手册。				
	其他(雨伞、饮用水、晕车药等)。				
行中任务	翠云廊作为"融合之廊"体现在哪些方面?				
	探究翠云廊古柏所展现的精神。				
	由"帅大"柏的得名探究地方民俗文化。				
	鉴赏张爱萍、沙孟海书法艺术。				
	理解"把古树名木保护好,把中华优秀传统文化传承好"的时代意义。				
行后总结反思	本次研学活动的收获是什么?				
	古柏精神对你有何深远影响?				
	"要把古树名木保护好,把中华优秀传统文化传承好",你该怎样做?				

注:1. "效果"一栏用"好""较好""一般"进行描述。

　　2. 完成情况描述尽量简洁。

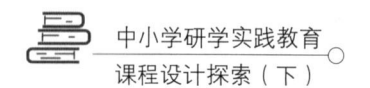

以青春之"名",传古柏之"韵"
学生研学实践教育活动评价表

学校:　　　　　班级:　　　　　姓名:　　　　　日期:

评价指标		分值	评价结果	
一级指标	二级指标		个人评分	优秀/良好
思想品德	对人有礼貌,谈吐优雅,举止文明。	5		
	遵规守纪,有较强的自我控制能力。	5		
	助人为乐,主动关心、帮助他人。	5		
团队合作	集体荣誉感强,团队意识强。	5		
	遵守团队纪律,积极参与研学活动,与团队成员一起完成研学任务。	15		
	善于沟通交流,营造良好团队氛围。	5		
探究能力	主动思考、质疑,主动探究。	10		
	能够克服困难,完成探究任务。	10		
	善于收集素材,并整理总结。	15		
研学成效	高质量、按时完成研学任务。	5		
	做好研学收获记录。	10		
	研学反思和体会。	10		
总分		100		

收获记录	
心得体会	
老师评价	等级

第三章 蜀道雄关——剑门关地质与历史文化研学实践教育课程设计

课程说明

"走蜀道,越关山,人生不再难"系列课程。

一条古蜀道,半部华夏史。

在古蜀道上,剑门关和翠云廊可谓是古蜀道上两颗最耀眼的星星。剑门关被誉为"天下雄关",有"一夫当关,万夫莫开"的险要;翠云廊被称作"森林化石""世界遗产""绿色长城",更被赞誉为"世界奇观"。

大自然创造了"剑门蜀道"的自然之美。剑门关内的"剑门、剑壁、剑山、古道、古关、古柏"等资源享誉世界,既是大自然的神奇创造,也是人类文明的积淀,承载了厚重的交通史、军事史、生态史、发展史,积淀了劳动人民的奋斗史、创造史、苦难史、血泪史,是祖先留给我们的宝贵遗产和财富,更是劳动人民的勤奋与创造的结晶。剑门关集"雄、险、奇、秀"的自然风光及"蜀道、三国、生态、红色文化"于一体,这里历史悠久、文化丰厚。

自先秦以来,剑门关一直是天府之国连通中原的政治、经济、军事、文化大通道,以李白、杜甫、陆游等为代表的文人墨客、名人名家无不在此挥毫泼墨、极尽赞美之词,创作并留下了大量著名的诗词歌赋。千百年来,在这条奇险的道路上,劳动人民在创造人类文明的同时,也积淀了传奇而精彩的历史故事。来到剑门关,可以领略李白笔下"一夫当关,万夫莫开"的气势,感受陆游细雨骑驴的诗意,惊叹造山运动的神奇,沉醉绮丽风光的绝美,

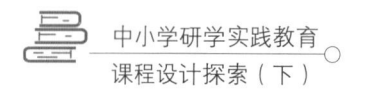

叹喟历史风云的变幻，见证劳动创造的传奇。

开发剑门关地质与历史文化研学实践教育系列课程，旨在让学生感受剑门关"雄、险、奇、秀"的自然之美，感受自然造物的神奇，感受古人勤劳智慧及奋斗历程，感悟蜀道蜕变，培养学生的家国情怀，帮助学生树立正确的世界观、人生观和价值观，争做时代新人。

课程设计一　观风貌，研地质，叹沧海桑田

课程目标

（1）感受地质运动所形成的剑门关独特的地形地貌。
（2）探秘剑门关地质地貌，了解剑门关雄关形成原因。
（3）触摸地质遗迹，感悟大自然的神奇。
（4）敬畏自然，珍爱生命，保护地球，保护生态环境。

难点突破

（1）地质运动与剑门关状貌关系。
（2）培养学生态文明意识及正确的价值观。

课程准备

一、行前准备

（1）查阅剑门关地质特点及成因的相关资料。
（2）收集剑门丹霞地貌特征的相关资料，了解我国丹霞地貌的分布情况。
（3）准备好研学手册及其他研学所需物品。

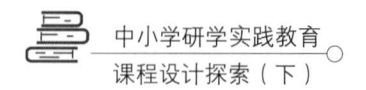

二、行中任务

（1）明确研学手册的任务目标。

（2）根据行前查阅收集的资料，带着任务跟着老师研学。

（3）完成研学手册的目标任务，并积极与他人分享本次研学的收获。

三、行后总结反思

（1）分享本次研学的收获。

（2）讨论地壳运动造就剑门"雄、险、奇、秀"的自然风光，从而敬畏自然，爱护地球家园。

适用学段

初中、高中。

课程时长

30分钟。

课程流程

由北入口所见大、小剑山形成如同天门一样的两堵铜墙铁壁，以及李白《蜀道难》中描绘的"地崩山摧壮士死，然后天梯石栈相钩连"的景象引入课程主题。

一、观沙盘，感关山巍峨雄壮

（1）整体了解剑门关的地理状貌及山形走势。（讲解、交流）

（2）了解剑门关、剑门山与龙门山的关系。（讲解、观察、讨论）

（3）了解剑门地质遗迹的所在位置。（讲解、观察）

二、看文博，解雄关前世今生

将学生分组并带着问题按顺序参观。

（1）剑门关形成地貌主要在两个时期，分别是侏罗纪时期（距今 2~1.4

亿年）、白垩纪时期（距今 1.4～0.65 亿年）。（探究）

（2）剑门关特殊地貌在每个时期的形成过程。（探究、收集、整理、分享）

（3）剑门关岩层的组成成分是什么？有何特点？（探究、收集、整理、分享）

三、触遗迹，探岩层地质之谜

在五丁桥或石笋峰处实地观察、触摸自然遗迹，进一步了解剑门关经地质运动而形成的岩层特点。（观察、体验、分享、交流）

（1）触摸巨石及岩层，实物体验剑门关岩石的特点（形状、颜色、组成、硬度等）。

（2）巨石从何而来？（结合李白诗句进行探究）

（3）"乱石崩云"描绘的是一幅怎样的景象？

（4）"崩山豆腐"菜名的来历。

四、望剑门，赞自然神奇造化

站谷底，望剑门，感自然造化神奇，叹沧海桑田伟力，揭雄关剑门之谜。（讨论、分享）

五、拓展延伸，总结分享

（1）从地质角度，谈谈你对剑门雄关了解多少？（交流、分享）

（2）敬畏自然，保护地球家园。谈谈大自然的神奇与魅力。

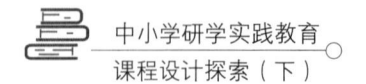

观风貌，研地质，叹沧海桑田
学生研学实践教育活动任务单

学校		班级		姓名	
任务	内　容	完成情况			效　果
行前准备	查阅剑门关地质特点及成因的相关资料。				
	收集剑门丹霞地貌特征相关资料，了解我国丹霞地貌的分布情况。				
	准备好研学手册。				
	其他（雨伞、饮用水、晕车药等）。				
行中任务	剑门关地理状貌及山形走势。				
	剑门关、剑门山与龙门山的关系。				
	剑门关特殊地貌在每个时期的形成过程。				
	剑门关岩层的组成成分是什么？有何特点？				
行后总结反思	本次研学活动的收获是什么？				
	面对自然，你想说什么？				

注：1. "效果"一栏用"好""较好""一般"进行描述。

2. 完成情况描述尽量简洁。

观地貌，研地质，叹沧海桑田
学生研学实践教育活动评价表

学校：　　　　　班级：　　　　　姓名：　　　　　日期：

评价指标		分值	评价结果	
一级指标	二级指标		个人评分	优秀/良好
思想品德	对人有礼貌，谈吐优雅，举止文明。	5		
	遵规守纪，有较强的自我控制能力。	5		
	助人为乐，主动关心、帮助他人。	5		
团队合作	集体荣誉感强，团队意识强。	5		
	遵守团队纪律，积极参与研学活动，与团队成员一起完成研学任务。	15		
	善于沟通交流，营造良好团队氛围。	5		
探究能力	主动思考、质疑，主动探究。	10		
	能够克服困难，完成探究任务。	10		
	善于收集素材，并整理总结。	15		
研学成效	高质量、按时完成研学任务。	5		
	做好研学收获记录。	10		
	研学反思和体会。	10		
总分		100		

收获记录	
心得体会	
老师评价	等级

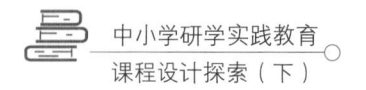

课程设计二　品诗赋，叹古人，心生家国情

课程目标

（1）收集整理关于描写剑门关的诗词歌赋，培养学生的收集整理能力。
（2）了解李白、陆游等诗人的生平简历。
（3）理解《蜀道难》《剑门道中遇微雨》等诗文表达的思想主题。
（4）热爱祖国大好河山，培养学生的家国情怀。

难点突破

（1）结合作者所处的时代背景，理解诗文的主题思想。
（2）从古诗文中汲取奋进力量，培养学生的家国情怀。

课程准备

一、行前准备

（1）收集整理关于描写剑门关的诗词歌赋。
（2）收集并了解李白、陆游等诗人的生平简历。
（3）熟读并基本理解《蜀道难》《剑门道中遇微雨》的诗意，基本达到熟读成诵。

（4）准备好研学手册及其他研学所需的物品。

二、行中任务

（1）明确研学手册任务目标。

（2）根据行前查阅收集的资料，带着任务跟着老师研学。

（3）完成研学手册目标任务，并积极与他人分享本次研学收获。

三、行后总结反思

（1）分享本次研学收获。

（2）讨论。古人即景生情，抒发了对国家现实及未来的思考，深情表达了自己的家国情怀，面对如此山河，谈谈你的思考。

适用学段

初中、高中。

课程时长

40分钟。

课程流程

由主题歌曲《走进剑门关》（杨洪基演唱）引入课程主题。

一、歌剑门，感关山雄奇壮丽

从《走进剑门关》歌曲中，感悟剑门关"奇"与"险"。（感悟、体会）

二、颂蜀道，叹剑门路难时艰

（1）在"蜀道难"题壁处吟诵《蜀道难》。具体要求如下：其一，在吟诵时注意生、难字的读音。其二，准确把握诗文节奏，读出感情。（领诵、诵读）

（2）能用诗中语句作印证，用自己的语言说出诗人所描绘的景象。（体悟、表达、交流）

（3）根据对《蜀道难》的了解，找出你认为最精彩的语句，并进行品味。（体悟、表达、交流）

（4）诗文开始叹："噫吁嚱，蜀道之难，难于上青天"。结合诗文及行前准备，说说诗人所叹内容。（探究、表达、交流）

（5）结合时代背景理解"蜀道难"的社会意义，体会作者所表达的主题思想。（探究、表达、交流）

三、走廊道，品细雨骑驴诗意

（1）根据行前准备，抽学生背诵《剑门道中遇微雨》。

（2）作者是在怎样的背景下写这首诗的？（表达、交流）

（3）从诗中意象或关键词理解作者诗中所表达的思想情感。（合作、交流、表达）

（4）主旨理解。理解诗文大意，体会作者思想情感。

（5）你从《剑门道中遇微雨》中得到怎样的启示。

四、叹观台，才子佳人赞关山

千里蜀道，才子佳人往来不绝，不仅留下他们行色匆匆的脚步，也留下挥之不去的绝唱。叹观台诗词长廊，是才子佳人在剑门关发表感叹的一个发声台，这里是川北最大的诗词长廊。从古至今的文人墨客在此留下许多不朽诗篇。这些名家的作品为剑门雄关增添了厚重的文化元素，已经成为剑门蜀道风景名胜的重要组成部分。这里有杜甫的《剑门诗》，张载的《剑阁铭》等。

（1）穿越诗词长廊，品读关山诗赋。（探究、收集、交流）

（2）说说你最喜欢的剑门诗。（表达、交流）

（3）试着写一句赞美剑门的话（有能力的可用诗行形式）。（创作、表达、交流）

五、拓展延伸，总结分享

（1）理解"一夫当关，万夫莫开"的内涵。（表达、交流、分享）

（2）理解"细雨骑驴入剑门"的意境。（表达、交流、分享）

（3）收集其他关于写剑门的诗，从诗情画意中体会其对剑门关的情感。

品诗赋，叹古人，心生家国情
学生研学实践教育活动任务单

学校			班级		姓名	
任务	内　容		完成情况		效　果	
行前准备	收集整理关于描写剑门关的诗词歌赋。					
	了解李白、陆游等诗人的生平简历。					
	熟读并基本理解《蜀道难》《剑门道中遇微雨》的诗意，基本达到熟读成诵。					
	其他（研学手册、雨伞、饮用水、晕车药等）。					
行中任务	理解"蜀道难"的含义。					
	体会"细雨骑驴入剑门"意境及内涵。					
	收集其他关于写剑门关的诗。					
行后总结反思	本次研学活动的收获是什么？					
	结合本次活动课程，谈谈你对诗"言志言情"的理解。					

注：1. "效果"一栏用"好""较好""一般"进行描述。

　　2. 完成情况描述尽量简洁。

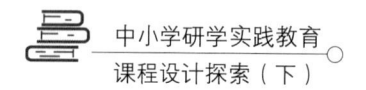

品诗赋，叹古人，心生家国情
学生研学实践教育活动评价表

学校：　　　　班级：　　　　姓名：　　　　日期：

评价指标		分值	评价结果	
一级指标	二级指标		个人评分	优秀/良好
思想品德	对人有礼貌，谈吐优雅，举止文明。	5		
	遵规守纪，有较强的自我控制能力。	5		
	助人为乐，主动关心、帮助他人。	5		
团队合作	集体荣誉感强，团队意识强。	5		
	遵守团队纪律，积极参与研学活动，与团队成员一起完成研学任务。	15		
	善于沟通交流，营造良好团队氛围。	5		
探究能力	主动思考、质疑，主动探究。	10		
	能够克服困难，完成探究任务。	10		
	善于收集素材，并整理总结。	15		
研学成效	高质量、按时完成研学任务。	5		
	做好研学收获记录。	10		
	研学反思和体会。	10		
总分		100		
收获记录				
心得体会				
老师评价		等级		

课程设计三　走古道，越雄关，蜀道不再难

课程目标

（1）行走古道，跨越雄关，体会蜀道之难。
（2）结合现实，感受诗词中的蜀道之难。
（3）理解"蜀道不再难"的含义。
（4）培养学生面对困难时，敢于挑战的勇气，树立正确的价值观。

难点突破

结合时代背景，理解蜀道难与不难的辩证关系。

课程准备

一、行前准备

（1）从李白《蜀道难》及其他诗作中，找出描写蜀道艰险难行的诗句。
（2）从旅行的经历中，回顾自己去过哪些行路艰难的地方？
（3）收集曾经发生在剑门关的历史故事。
（4）准备好研学手册及其他研学所需物品。

二、行中任务

（1）明确研学手册任务目标。

（2）根据行前查阅收集的资料，带着任务跟着老师研学。

（3）完成研学手册目标任务，并积极与他人分享本次研学收获。

三、行后总结反思

（1）分享本次研学收获。

（2）讨论。将蜀道之难与人生、时代、理想与梦想结合起来，深刻理解蜀道难的历史与现实意义。

适用学段

初中、高中。

课程时长

40分钟。

课程流程

由《蜀道难》中描写行路艰难的诗句引入课程主题。

一、诗词歌赋中感受蜀道难

（1）从《走进剑门关》歌曲中感受蜀道"奇"与"险"。（感悟、体会）

（2）从《蜀道难》中品读关山路难，并能从活动课程设计二中再次理解蜀道难的内涵。（感悟、体会、表达、交流）

二、目之所及中搜寻蜀道难

（一）远眺关山

剑山被鬼斧神工一劈为二，巨型石门像一扇双扇门，像两堵铜墙铁壁一样绵延矗立，感受雄关的壮美与奇险气势。（观察、感悟、表达、交流）

（二）谷底望关

从谷底仰望，关山沟壑如渊，巨石如云，绝壁如劈。（观察、感悟、表达、交流）

三、步履艰难中体验蜀道难

（1）今昔对比，蜀道的前世与今生（如今蜀道木板铺就、索桥横空、石阶盘曲、围栏庇护、凉亭傍道，国道穿山而过，天堑变通途）。（观察、对比、表达、交流）

（2）穿越时空，将诗与现实结合，在行路中再次感观、体会"西当太白有鸟道，可以横绝峨眉巅""地崩山摧壮士死，然后天梯石栈相钩连""黄鹤之飞尚不得过，猿猱欲度愁攀援""连峰去天不盈尺，枯松倒挂倚绝壁""飞湍瀑流争喧豗，砯崖转石万壑雷"等诗句所展现的曲折与艰险。（感悟、体会、表达、交流）

（3）行走蜀道谈感受，说说你心中的蜀道之难。（感悟、体会、表达、交流）

四、历史事件中感悟蜀道难

从远古洪荒到现在，剑门雄关已演变为一座集历史演进、文化更替、景观绝美为一体的历史之关、文化之关、自然之关，关山如画，美不胜收，美轮美奂。作为一条繁荣巴蜀文化、沟通中原文化的古蜀道，千百年来不断演绎着历史进程中的重大事件和重要人物。

（1）了解剑门关的毁建历程。（探究、收集、交流、讲解）

（2）探究诸葛亮垒石为关的背景及意义。（合作、探究、表达、交流）

（3）了解姜维倚险守关、锁钥蜀门的历史。（讲解、表达、交流）

（4）了解邓艾偷渡阴平、绕关灭蜀的历史。（讲解、表达、交流）

（5）根据行前收集整理，分组讨论分享其他有关剑门关的故事。（展示、表达、交流、分享）

五、关山楼台中蜀道不再难

（1）关楼远眺，望眼底长安、揽山河壮美；俯瞰剑山，感关山雄于天下（旨在再次感悟山河壮美）。（感悟、体验、联想、想象）

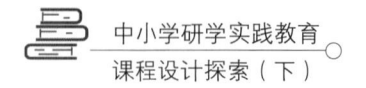

（2）古代关山难越，如今天堑易行，追古思今，谈谈你的感受（旨在突出现代交通发达，蜀道不再难）。（观察、讨论、交流、表达）

（3）古代以剑门为关，锁钥蜀门，抵御中原，为兵家必争之地；如今关山内外，亲如一家，风景如画，笑迎八方来客。以关山为媒，见证祖国欣欣向荣，国泰民安（旨在突出社会和谐、政治清明，在党的领导下，跨越万山雄关，实现伟大中国梦不难）。（讨论、点拨、交流、表达、分享）

六、拓展延伸，总结分享

（1）谈谈走蜀道、登剑门的体会。（表达、交流、分享）

（2）讨论交流。以蜀道为媒，联系社会、人生、家国，理解蜀道"难"与"不难"。（讨论、交流、分享）

走古道，越雄关，蜀道不再难
学生研学实践教育活动任务单

学校		班级		姓名	
任务	内　容	完成情况			效　果
行前准备	从李白《蜀道难》及其他诗作中，找出描写蜀道艰险难行的诗句。				
	从旅行的经历中，回顾你去过哪些行路艰难的地方？				
	收集曾经发生在剑门关的历史故事。				
	其他（研学手册、雨伞、饮用水、晕车药等）。				
行中任务	行走古道，跨越雄关，体会蜀道之难。				
	结合现实，感受诗词中的蜀道之难。				
	理解"蜀道不再难"的含义。				
行后总结反思	本次研学活动的收获是什么？				
	联系社会、人生、家国，理解蜀道"难"与"不难"。				

注：1. "效果"一栏用"好""较好""一般"进行描述。

　　2. 完成情况描述尽量简洁。

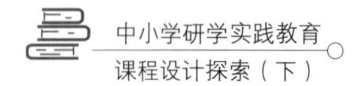

走古道，越雄关，蜀道不再难
学生研学实践教育活动评价表

学校：　　　　　班级：　　　　　姓名：　　　　　日期：

评价指标		分值	评价结果	
一级指标	二级指标		个人评分	优秀/良好
思想品德	对人有礼貌，谈吐优雅，举止文明。	5		
	遵规守纪，有较强的自我控制能力。	5		
	助人为乐，主动关心、帮助他人。	5		
团队合作	集体荣誉感强，团队意识强。	5		
	遵守团队纪律，积极参与研学活动，与团队成员一起完成研学任务。	15		
	善于沟通交流，营造良好团队氛围。	5		
探究能力	主动思考、质疑，主动探究。	10		
	能够克服困难，完成探究任务。	10		
	善于收集素材，并整理总结。	15		
研学成效	高质量、按时完成研学任务。	5		
	做好研学收获记录。	10		
	研学反思和体会。	10		
总分		100		

收获记录	
心得体会	
老师评价	等级

课程设计四　攻雄关，克剑门，天堑变通途

课程目标

（1）了解红军攻克剑门关的历史、英雄故事及重要意义。
（2）感受红军血战剑门关的壮烈场景，珍惜今天的幸福美好生活。
（3）树立敢于挑战的勇气，培养正确的价值观。
（4）铭记历史，传承红色基因，坚定理想信念，增强学生热爱祖国的情感。

难点突破

结合历史与现实，理解在党的领导下，坚定理想信念，团结奋斗，万难可克，无坚不摧的革命主义、共产主义精神内涵。

课程准备

一、行前准备

（1）收集红军血战剑门关的历史及英雄故事。
（2）收集解放剑门关的历史及英雄故事。

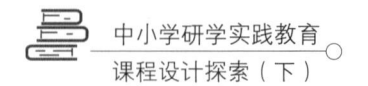

（3）收集与广元有关的红色资料、名人故事及英雄事迹。

（4）准备好研学手册及其他研学所需物品。

二、行中任务

（1）明确研学手册任务目标。

（2）根据行前查阅收集的资料，带着任务跟着老师研学。

（3）完成研学手册目标任务，并积极与他人分享本次研学收获。

三、行后总结反思

（1）分享本次研学收获。

（2）结合现实，讨论"赓续红色血脉，传承红色基因"的重要意义。

适用学段

初中、高中。

课程时长

45分钟。

课程流程

以《我们是共产主义接班人》这首歌引入课程主题。

一、缅怀先烈

（1）概述红军攻克剑门关和解放剑门关的历史，引导学生懂得幸福生活来之不易。（讲解、感悟、体会）

（2）献花仪式（由教官及主持人主持献花篮仪式）。（感悟、体会）

（3）宣誓。全体学生跟着领誓人宣誓，做到有感情，精神饱满，声音洪亮、铿锵有力。（表达）

（4）绕纪念碑一圈，祭奠革命英烈。（感悟）

二、追寻足迹

参观红军攻克剑门关纪念馆，并完成相关任务。（参观、收集、记录、分享）

（1）红军攻克剑门关开展了哪些革命斗争？
（2）红军攻克剑门关重要的历史人物有哪些？
（3）对你印象最深刻的历史文物是什么？
（4）收集有关红军的标语和歌谣。

三、聆听事迹

（1）纪念馆人员讲解红军攻克剑门关的历史故事。（讲解、感悟、表达、交流）
（2）纪念馆人员讲解放剑门关的历史故事。（讲解、感悟、表达、交流）
（3）纪念馆人员讲述鲍政委的英勇事迹。（讲解、感悟、表达、交流）
（4）分组开展讲故事活动。讲解内容可以是参观所见所闻，也可以是其他有关红军或解放军的故事。（分享、表达、交流）

四、再现历史

观看红军攻克剑门关的战斗场景影视并谈体会。（感悟、体会、表达、交流）
纪念馆内采用先进多媒体技术，生动地模拟出红军血战剑门关的历史场景，让学生感悟英勇的红军战士前赴后继，用鲜血和生命将红旗插上了雄伟的剑门关的战斗过程。

五、蜀道不难

（一）总结分享

理解"蜀道不难"的思想内涵。（讨论、点拨、交流、表达、分享）
自古关山难越，但在英雄的红军面前成为历史。从红军时期、解放战争时期、社会主义建设时期到美好的新时代，蜀道经历历史变迁，如今天堑易行，蜀道不难、惠风和畅、江山丽景、国泰民安，有关山作证。

（二）拓展延伸

学习红军精神，感恩新时代，努力学习，做新时代的有志青年。（表达、交流）

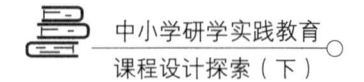

攻雄关，克剑门，天堑变通途
学生研学实践教育活动任务单

学校		班级		姓名	
任务	内　容	完成情况			效　果
行前准备	收集红军血战剑门关的历史及英雄故事。				
	收集解放剑门关的历史及英雄故事。				
	收集与广元有关的红色资料、名人故事及英雄事迹。				
	其他（研学手册、雨伞、饮用水、晕车药等）。				
行中任务	红军攻克剑门关开展了哪些革命斗争？				
	红军攻克剑门关重要的历史人物有哪些？				
	对你印象最深刻的历史文物是什么？收集有关红军的标语和歌谣。				
行后总结反思	本次研学活动的收获是什么？				
	理解"蜀道不难"的含义。				

注：1. "效果"一栏用"好""较好""一般"进行描述。

2. 完成情况描述尽量简洁。

攻雄关，克剑门，天堑变通途
学生研学实践教育活动评价表

学校：　　　　　班级：　　　　　姓名：　　　　　日期：

评价指标		分值	评价结果	
一级指标	二级指标		个人评分	优秀/良好
思想品德	对人有礼貌，谈吐优雅，举止文明。	5		
	遵规守纪，有较强的自我控制能力。	5		
	助人为乐，主动关心、帮助他人。	5		
团队合作	集体荣誉感强，团队意识强。	5		
	遵守团队纪律，积极参与研学活动，与团队成员一起完成研学任务。	15		
	善于沟通交流，营造良好团队氛围。	5		
探究能力	主动思考、质疑，主动探究。	10		
	能够克服困难，完成探究任务。	10		
	善于收集素材，并整理总结。	15		
研学成效	高质量、按时完成研学任务。	5		
	做好研学收获记录。	10		
	研学反思和体会。	10		
总分		100		

收获记录	
心得体会	
老师评价	等级

第四章 龙门绿珠——唐家河自然生态研学实践教育课程设计

课程说明

唐家河国家自然保护区是岷山山系大熊猫栖息地的重要组成部分，被联合国自然保护联盟认定为全球生物多样性保护的热门地区之一，被世界自然基金会评为A级保护区，入选首批世界自然保护联盟（IUCN）绿色名录，被誉为"天然基因库""生命家园"和岷山山系的"绿色明珠"。

唐家河国家自然保护区是以大熊猫、金丝猴、扭角羚及其栖息地为主要保护对象的森林和野生动物及森林生态类型的自然保护区。这里有脊椎动物430种，其中，属于国家重点保护的动物有72种，一级保护动物有13种，大熊猫数量约为60只，金丝猴1 000多只，扭角羚1 200多只；有植物2 422种，其中，属于国家重点保护的珍稀植物有12种，其中一级为4种，具有重要的科研和保护价值。

通过研学唐家河关虎站—自然博物馆、白果坪—唐家河历史馆、大熊猫体验馆、扭角羚馆、金丝猴馆等，走进白果坪—千年古树（银杏王）、红豆杉、珙桐、两栖爬行动物等珍稀动植物生长地，让学生亲近自然、体验自然、拥抱自然，了解唐家河珍稀动植物的名称、种类、特点、生活习性等，了解唐家河生物多样性及唐家河国家自然保护区的过去与现在，懂得建立唐家河国家自然保护区的重要意义，深刻理解人与自然和谐共生的关系，培养学生敬畏自然、热爱自然、尊重自然、保护自然的意识。

课程设计一　走进博物馆，探寻生命家园

课程目标

（1）了解博物馆内展示的动植物名称及生活生长属性等知识，了解生物多样性。

（2）了解唐家河的地质特征及气候特征。

（3）了解唐家河生态保护措施，理解生态保护的重要意义。

（4）培养学生尊重生命、热爱自然、保护自然的意识。

难点突破

（1）理解生态保护与人类生存、生活的重要意义。

（2）培养学生尊重生命、敬畏自然、热爱自然、保护自然的意识。

课程准备

一、行前准备

（1）查阅唐家河地质、气候特点相关资料。

（2）收集唐家河大熊猫、金丝猴、扭角羚、红豆杉等生物物种的相关资料。

（3）准备好研学手册及其他研学所需物品。

二、行中任务

（1）明确研学手册任务目标。

（2）根据行前查阅收集的资料，带着任务跟着老师研学。

（3）完成研学手册目标任务，并积极与他人分享本次研学收获。

三、行后总结反思

（1）分享本次研学收获。

（2）讨论唐家河生态自然价值及保护的重要意义。

适用学段

初中、高中。

课程时长

40分钟。

课程流程

一、课题导入

由唐家河被世界自然基金会划定为A级自然保护区，被誉为"天然基因库""生命家园"和岷山山系"绿色明珠"等相关荣誉自然导入课题。

二、馆前教育

在进入唐家河保护区自然博物馆前，首先给学生讲解参观博物馆的相关注意事项。

（1）要严格遵守纪律，服从命令听指挥，自始至终和集体在一起，不单独行动。

（2）要增强环保意识，自觉维护环境卫生，不随地吐痰，不乱扔垃圾。

（3）参观时，爱护馆内的设施和展品，不乱摸、乱刻、乱画、乱踏等；不大声喧哗，保持馆内安静。

（4）要认真参观，参观过程中要进行记录，并把参观过程中的想法，以笔记或手绘形式记录下来。

（5）参观后，须写出心得体会和对自己的启迪。

（6）可以带相机拍照。

三、参观博物馆

（一）博物馆基本情况

青川县唐家河自然博物馆位于唐家河生态旅游区关虎游客中心景区入口处，展厅面积约1 400平方米，分成上下两层。展示区域可以用"一序一道四季"来概括，"一序"指即将进入的"序厅"，"一道"指关系蜀国命运的"阴平古道"，"四季"指"春、夏、秋、冬"四季厅。布展以"生命家园"为背景，全面反映了保护区内生物的多样性和厚重的人文史。（讲解、参观）

博物馆内熊猫展陈图

（二）跟着导师探秘博物馆

将学生分组，跟着研学导师按需参观博物馆，认真聆听、仔细观察，并做好记录。（讲解、参观、记录）

博物馆内羚羊展陈图

四、博物馆内知多少

参观完毕，走出博物馆，分享通过此次参观博物馆，你知道了唐家河的哪些秘密？其中印象最深刻的是什么？（分享、表达、交流、展示）

五、心领神会画自然

通过参观博物馆，引导学生以语言或手绘的形式，将参观的心得及所见进行记录，分享参观心得，展示参观成果。（分享、表达、交流、展示）

六、拓展延伸

（1）理解唐家河是"天然基因库""生命家园"和"绿色明珠"的含义。（感悟、理解、表达、交流）

（2）讨论唐家河生态自然价值及保护的重要意义。（感悟、理解、表达、交流）

（3）我是一名讲解员。

假如你是一名讲解员，请将唐家河博物馆介绍给周围的人。（体验、表达、交流）

走进博物馆，探寻生命家园
学生研学实践教育活动任务单

学校		班级		姓名	
任务	内　容	完成情况			效　果
行前准备	查阅资料，了解唐家河地质特征及气候特征。				
	收集唐家河大熊猫、金丝猴、扭角羚、红豆杉等生物物种的相关资料，了解唐家河生物的多样性。				
	准备好研学手册。				
	其他（雨伞、饮用水、晕车药等）。				
行中任务	了解博物馆内展呈动植物名称及生活生长属性等知识，了解生物多样性。				
	了解唐家河生态保护措施。				
	了解生态保护与人类生存、生活的重要意义。				
行后总结反思	本次研学活动的收获是什么？				
	讨论唐家河生态自然价值及保护的重要意义。				

注：1. "效果"一栏用"好""较好""一般"进行描述。

　　2. 完成情况描述尽量简洁。

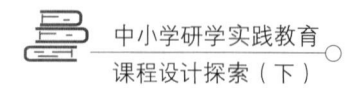

走进博物馆，探寻生命家园
学生研学实践教育活动评价表

学校：　　　　班级：　　　　姓名：　　　　日期：

评价指标		分值	评价结果	
一级指标	二级指标		个人评分	优秀/良好
思想品德	对人有礼貌，谈吐优雅，举止文明。	5		
	遵规守纪，有较强的自我控制能力。	5		
	助人为乐，主动关心、帮助他人。	5		
团队合作	集体荣誉感强，团队意识强。	5		
	遵守团队纪律，积极参与研学活动，与团队成员一起完成研学任务。	15		
	善于沟通交流，营造良好团队氛围。	5		
探究能力	主动思考、质疑，主动探究。	10		
	能够克服困难，完成探究任务。	10		
	善于收集素材，并整理总结。	15		
研学成效	高质量、按时完成研学任务。	5		
	做好研学收获记录。	10		
	研学反思和体会。	10		
总分		100		

收获记录	
心得体会	
老师评价	等级

ы
课程设计二　走进伐木场，传承时代精神

课程目标

（1）了解碑文，了解伐木场的历史及重要意义。
（2）了解伐木工人生产生活。
（3）了解保护区的建设历史及意义。

难点突破

（1）培养学生的奉献与担当精神。
（2）培养热爱自然、保护生态环境的意识。

课程准备

一、行前准备

（1）查阅唐家河伐木场的历史资料。
（2）收集唐家河自然保护区建设历程的相关资料。
（3）准备好研学手册及其他研学所需物品。

二、行中任务

（1）明确研学手册任务目标。
（2）根据行前查阅收集的资料，带着任务跟着老师研学。
（3）完成研学手册目标任务，并积极与他人分享本次研学收获。

三、行后总结反思

（1）分享本次研学收获。
（2）讨论唐家河生态自然保护区建设的必要性。

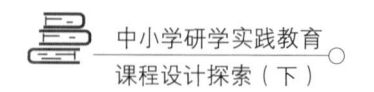

适用学段

初中、高中。

课程时长

40 分钟。

课程流程

一、课题导入

由曾经林场伐木对国家建设发展的重要意义导入课题。

二、碑文知史

（1）跟着研学老师了解伐木场的建碑历程及意义。（讲解、记录）

（2）跟着研学老师了解碑文中因公因病牺牲的职工的名字及故事。（讲解、观察、记录）

（3）跟着研学老师了解从伐木场到自然保护区的建设历程。（讲解、记录、观察）

三、参观工人宿舍

（1）参观工人宿舍。（讲解、参观）

（2）学习时代精神，感悟时代艰辛，培养艰苦奋斗精神。（感悟、表达、交流）

四、知敬畏，爱家园

（1）观看影片，展示地球生态环境破坏所造成的灾难，让学生懂得尊重自然，敬畏自然。（观看、感悟、思考、讨论）

（2）讨论建立唐家河自然保护区、人与自然和谐共生的重要保意义。每个人都应当行动起来，做一个森林的卫士，用我们的智慧来保护森林，保护地球，保护自己的家园。

五、我建议，我参与

讨论环境保护相关问题，提出自己的建议，积极行动，参与环境保护及生态文明建设。

（1）过度砍伐森林带来的危害。（讨论、表达、交流）

（2）除了砍伐森林，什么因素是对森林最大的威胁？（讨论、表达、交流）

（3）保护森林有什么好的建议？你该怎样做？（讨论、表达、交流）

（4）创作生态环境保护的宣传标语，加强生态环境保护宣传。（讨论、交流、表达、展示）。

六、拓展延伸

（1）分享本次活动的收获。

（2）学习伐木工人的奉献和担当精神。

（3）新时代，我们该如何继承和发扬伐木工人的精神，做生态文明的践行者？

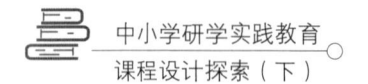

走进伐木场，传承时代精神
学生研学实践教育活动任务单

学校			班级		姓名	
任务	内　容		完成情况		效　果	
行前准备	查阅资料，了解伐木场的历史。					
	了解伐木工人的生产生活及时代意义。					
	准备好研学手册。					
	其他（雨伞、饮用水、晕车药等）。					
行中任务	了解碑文内容。					
	理解伐木场建设的时代意义。					
	理解保护区建设的重要及意义。					
行后总结反思	本次研学活动的收获是什么？					
	讨论唐家河生态自然保护区建设的必要性。					

注：1."效果"一栏用"好""较好""一般"进行描述。

　　2. 完成情况描述尽量简洁。

走进伐木场，传承时代精神
学生研学实践教育活动评价表

学校：　　　　　班级：　　　　姓名：　　　　　　日期：

评价指标		分值	评价结果	
一级指标	二级指标		个人评分	优秀/良好
思想品德	对人有礼貌，谈吐优雅，举止文明。	5		
	遵规守纪，有较强的自我控制能力。	5		
	助人为乐，主动关心、帮助他人。	5		
团队合作	集体荣誉感强，团队意识强。	5		
	遵守团队纪律，积极参与研学活动，与团队成员一起完成研学任务。	15		
	善于沟通交流，营造良好团队氛围。	5		
探究能力	主动思考、质疑，主动探究。	10		
	能够克服困难，完成探究任务。	10		
	善于收集素材，并整理总结。	15		
研学成效	高质量、按时完成研学任务。	5		
	做好研学收获记录。	10		
	研学反思和体会。	10		
总分		100		

收获记录	
心得体会	
老师评价	等级

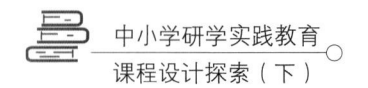

课程设计三 走进熊猫体验馆，探秘国宝生活

课程目标

（1）了解熊猫形态特征和生活习性。
（2）寻找熊猫的踪迹，增强学生的探索发现能力。

难点突破

兽类寻踪的基本方法和记录技巧。

课程准备

一、行前准备

（1）查阅熊猫形态特征和生活习性资料。
（2）准备好研学手册及其他研学所需物品。

二、行中任务

（1）明确研学手册任务目标。
（2）根据行前查阅收集的资料，带着任务跟着老师研学。
（3）完成研学手册目标任务，并积极与他人分享本次研学收获。

三、行后总结反思

（1）分享本次研学收获。
（2）讨论：了解大熊猫特性、生活习性及保护大熊猫的重要意义。

适用学段

初中、高中。

课程时长

40分钟。

课程流程

一、课题导入

由唐家河丰富的生物物种引出国宝——大熊猫，自然导入"走进熊猫博物馆"的课题。

二、参观熊猫体验馆

（1）了解体验馆基本情况。大熊猫自然体验馆总面积约60平方米，采用室外与室内相结合构成整体，营造出大熊猫生活世界的氛围。（参观、体验）

（2）了解唐家河国家级自然保护区生物多样性。（讲解、参观、记录）

唐家河国家级自然保护区是以大熊猫及其栖息地为主要保护对象的森林和野生动物类型的自然保护区，区内自然景观十分壮丽，大熊猫、扭角羚、川金丝猴等珍稀野生动物数量繁多，被中外专家誉为"动物天堂"。

三、熊猫特性知多少

通过研学老师的讲解，让学生了解大熊猫的特性及生活习性。（讲解、记录、观察、交流、讨论）

（一）种 属

大熊猫属于哺乳纲、食肉目、熊科，是大熊猫亚科大熊猫属的唯一物种。

（二）饮 食

（1）大熊猫虽最初是食肉性动物，但经过进化，如今以素食为主，不过其牙齿和消化道还保持原样，仍然划分为食肉目，有时也会食肉。

（2）大熊猫的食物以竹子为主，其食谱组成中99%以上部分均为竹类。

（3）唐家河大熊猫主要分布于针阔叶混交林和针叶林中，它们独栖于林下竹丛，以缺苞箭竹、糙花箭竹和青川箭竹为食。在冬春季，部分大熊猫下

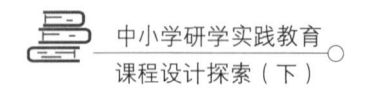

到河谷以巴山木竹为食。大熊猫非常聪明，其食谱随山系和季节而变化，在不同的季节采食不同种类的竹子或同种竹子的不同部位。在春夏季最爱食用竹笋，秋季则多食竹叶，冬季主要以竹秆为食，且食用竹秆时会像我们吃甘蔗一样剥掉绿皮再入口。

（三）形 态

（1）体型：大熊猫体型肥硕似熊、丰腴富态，头圆尾短，头躯长1 200～1 800毫米，尾长100～120毫米。体重80～120千克，最重可达180千克，饲养的熊猫体重略重，一般雄性个体稍大于雌性。秦岭地区的个体偏大，体毛粗糙，腹毛略呈棕色；而岷山（唐家河）地区大熊猫则个体较小，体毛也较前者更为细，腹毛棕色不明显。

（2）毛色：头部和身体毛色黑白相间分明，但黑非纯黑，白也不是纯白，而是黑中透褐，白中带黄。这种黑白相间的外表，有利于隐蔽在密林的树上和积雪的地面而不易被天敌发现。

（四）爪与四肢

大熊猫的爪比较锋利，四肢发达有力，有利于它们快速爬上高大的乔木和撕裂食物。

（五）皮 肤

大熊猫身体不同部分的皮肤厚度也不一样，最厚处可达10毫米。体背部厚于腹侧，体外侧厚于体内侧，其平均厚度约为5毫米，且富有弹性和韧性。

（六）视 觉

大熊猫的视觉极不发达。这是由于大熊猫长期生活于密密的竹林里，光线很暗，障碍物又多，致使其目光变得十分短浅。

（七）寿 命

野外生存的大熊猫寿命为18～20岁，而圈养状态下的大熊猫寿命可以超过30岁。

四、熊猫寻踪

在此环节，将通过实践、探究、记录、讨论、观察、体验等多种方式开展相关活动。

（一）设 备

探访熊猫的踪迹，需要运用红外相机和 GPS 等设备。

（二）痕 迹

（1）认识熊猫活动痕迹，可从足迹、卧迹、粪便、尿斑、啃食痕迹、食物残余、新鲜度、走向等方面进行识别。

（2）对于活动痕迹的观察，要选择清晰的痕迹进行观察与测量，然后判断动物的种类、性别、年龄、走向等信息。

（3）走向确定后，可选择正向追踪（即动物去哪儿）或是逆向追踪（即动物从哪儿来）。如果能根据逆向追踪找到动物捕食猎物的残骸也是很幸运的事，这样能收获一些动物战利品，如动物骨骼。

（三）足迹的识别方法

（1）观察与测量：需观察足迹的大小形状、趾数、前后足的差异、有无爪、爪印的形状和长度、数目，以及足迹奔跑、跳跃的位置、足迹的特点。

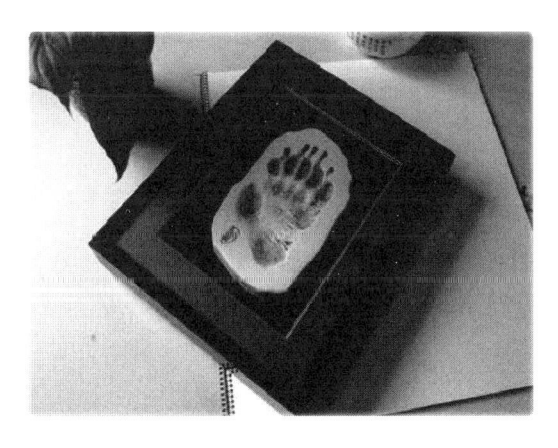

足迹采集样本图

（2）新鲜度判断：通过用手触摸其新鲜度判断其走过的时间。

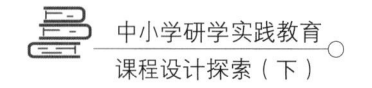

（四）红外监控

红外监控可以监测到兽类的行为，更形象地了解兽类的生活习性。具体如下：

（1）观察兽类的形态特征如头上的角、毛发的颜色、体型大小等。

（2）观察兽类的进食方式，包括是食肉还是食素以及进食的动作和速度等。

（3）观察兽类的肢体语言，如恐惧、焦虑、愤怒、对异性的喜爱等。

（4）观察兽类的打斗情况，如打斗时的动作、叫声以及结束后的形态等。

五、拓展延伸

（1）分享本次活动收获。

（2）用科学的方法认识自然、保护自然，促进人与自然的和谐共生。

走进熊猫体验馆，探秘国宝生活
学生研学实践教育活动任务单

学校			班级		姓名	
任务	内　容		完成情况			效　果
行前准备	查阅资料，了解大熊猫的生活习性。					
	查阅资料，了解大熊猫的形态特征。					
	准备好研学手册。					
	其他（雨伞、饮用水、晕车药等）。					
行中任务	学习兽类寻踪的基本方法和记录技巧。					
	寻找熊猫的踪迹，增强探索发现能力。					
	观察、记录基本要素。					
行后总结反思	本次研学活动的收获是什么？					
	讨论：了解大熊猫特性和生活习性及其与保护大熊猫的重要意义。					

注：1. "效果"一栏用"好""较好""一般"进行描述。

　　2. 完成情况描述尽量简洁。

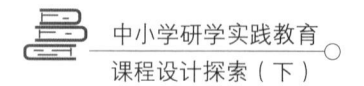

走进熊猫体验馆，探秘国宝生活
学生研学实践教育活动评价表

学校：　　　　班级：　　　　姓名：　　　　日期：

评价指标		分值	评价结果	
一级指标	二级指标		个人评分	优秀/良好
思想品德	对人有礼貌，谈吐优雅，举止文明。	5		
	遵规守纪，有较强的自我控制能力。	5		
	助人为乐，主动关心、帮助他人。	5		
团队合作	集体荣誉感强，团队意识强。	5		
	遵守团队纪律，积极参与研学活动，与团队成员一起完成研学任务。	15		
	善于沟通交流，营造良好团队氛围。	5		
探究能力	主动思考、质疑，主动探究。	10		
	能够克服困难，完成探究任务。	10		
	善于收集素材，并整理总结。	15		
研学成效	高质量、按时完成研学任务。	5		
	做好研学收获记录。	10		
	研学反思和体会。	10		
总分		100		

收获记录	
心得体会	
老师评价	等级

课程设计四　探秘蛇岛，了解生物多样性

课程目标

（1）通过观察，了解两栖爬行动物的特征和生活习性。

（2）学习对生物进行观察、记录的方法。

（3）了解唐家河生物多样性。

难点突破

学习对两栖动物进行观察、记录的基本方法和技巧。

课程准备

一、行前准备

（1）查阅两栖动物特征和生活习性的资料。

（2）准备好研学手册及其他研学所需物品。

二、行中任务

（1）明确研学手册任务目标。

（2）根据行前查阅收集的资料，带着任务跟着老师研学。

（3）完成研学手册目标任务，并积极与他人分享本次研学收获。

三、行后总结反思

（1）分享本次研学收获。

（2）讨论：了解两栖动物特性和生活习性及其与环境保护的关系。

适用学段

初中、高中。

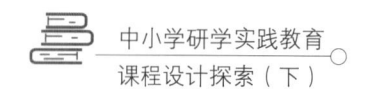

课程时长

40 分钟。

课程流程

一、课题导入

由"谈蛇色变"引入蛇岛相关内容,由此开启探秘蛇岛的课题。

唐家河蛇岛

二、简介蛇岛

唐家河自然保护区内的蛇岛上生活着很多两栖爬行动物,其中水栖类群有大鲵、山溪鲵、棘腹蛙、四川湍蛙、四川狭口蛙等 11 种;陆栖类群有华西蟾蜍、中华蟾蜍、中国林蛙、日本林蛙等 7 种;半水栖类群有华游蛇 1 种。(讲解、观察)

蛇岛蛇类展陈图

三、关于两栖动物

（一）两栖动物（讲解、记录）

幼体在水中生活，用鳃呼吸，经过变态发育后，成体生活在陆地上，用肺呼吸的脊椎动物为两栖动物，包括龟、蛇、蜥蜴等。

蛇岛蛇类活动图

（二）唐家河两栖爬行动物的分类（讲解、记录）

1. 穴居类群

丽纹龙蜥、铜蜓蜥、北草蜥、蹼趾壁虎等 4 种动物属于穴居类群，它们生活在各种洞穴中，夜间或白天到地面活动。

2. 陆栖类群

王锦蛇、黑眉锦蛇、乌梢蛇、菜花原矛头蝮蛇、白头蝰蛇、颈槽蛇、山烙铁头等 14 种动物属于陆栖类群，它们生活在陆地的各种环境中，逃避敌害时也常进入洞穴中。

3. 半水栖类群

华游蛇作为半水栖类群的唯一代表，生活在沼泽、水塘附近区域。

四、两栖类爬行动物的观察

（一）注意事项（讲解）

（1）观察两栖爬行动物时应尽可能保持安静。

（2）做好防护措施，保持安全的距离。

（3）提前准备好专业工具。

青蛙

（二）观察内容（合作、探究、实践、观察、记录）

了解两栖爬行动物的习性和特征。观察蛙类时，重点观察雄蛙鸣叫、雌雄蛙抱对、捕食、发育等方面；观察蛇类时，重点观察其是如何前进、捕食、躲避等；观察石龙子则主要观察其断尾应急机制；观察龟时，主要观察其的躲藏机制；观察两栖爬行动物适应环境时，重点观察其变色机制等。

（三）图鉴的使用（讲解、观察、实践）

针对两栖爬行动物展开观察并深入了解，图鉴方法不可或缺。一是要熟悉图鉴上的图案、文字、索引等；二是根据现场的观察结果进行基本判断；三是准确地将观测到的影像与图鉴上的图案进行对应。

（四）记录事项（讲解、合作、探究、观察、记录、展示、总结）

（1）观察、记录的重要意义。

（2）观察、记录的基本要素：科学的观测记录表格、良好的观察习惯、有效的经验累积方式、科学有用的数据结果。

（3）观察、记录表格要素：时间、地点、天气、使用工具、观测者姓名、

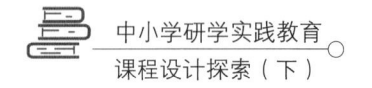

物种种类、数量、观测内容等。

五、实践探究

通过合作、探究、观察、记录、展示、分享等环节开展。

（一）分组观察

要求学生在固定的一个地点（例如河边、树林等），借助两栖爬行图鉴进行观测、记录训练，若出现重复的物种时，要更细致地观察和记录。

（二）抽样点评

学生分组观察、记录完毕后，教师对其观察记录情况进行抽样点评。

六、总结分享

通过讨论、总结、展示、分享、表达、交流等环节开展。

（一）环境变化对两栖爬行动物繁衍的影响

环境变迁会破坏两栖爬行动物生殖和发育所需的环境，使两栖爬行动物不能正常地进行生殖活动，同时环境变迁还影响了两栖爬行动物正常的发育，最终导致两栖爬行动物繁衍后代的能力下降，种群的数量和种类减少。

（二）成果展示：两栖爬行动物的特征

结合当日观察，组织学生分组讨论，共同总结并对比两栖爬行动物的特征。

1. 幼体爬行动物

幼体爬行动物生活在水中，用鳃呼吸；多数种类成体生活在潮湿的陆地上，少数种类成体生活在水中，主要用肺呼吸；皮肤裸露、湿润，有辅助呼吸的作用。

2. 成体爬行动物

成体爬行动物皮肤表面覆盖角质的鳞片或骨质的甲；用肺呼吸，体温不恒定，四肢短小或无四肢，行动方式为爬行。

探秘蛇岛，了解生物多样性
学生研学实践教育活动任务单

学校		班级		姓名	
任务	内　容	完成情况			效　果
行前准备	查阅两栖爬行动物特征和生活习性相关资料。				
	了解唐家河生物多样性。				
	准备好研学手册。				
	其他（雨伞、饮用水、晕车药等）。				
行中任务	实地了解唐家河两栖爬行动物的特征和生活习性。				
	了解对两栖动物进行观察、记录的基本方法和技巧。				
	观察、记录基本要素。				
行后总结反思	本次研学活动的收获是什么？				
	讨论：了解两栖动物特性和生活习性及其与环境保护的关系。				

注：1. "效果"一栏用"好""较好""一般"进行描述。

2. 完成情况描述尽量简洁。

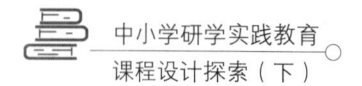

探秘蛇岛，了解生物多样性
学生研学实践教育活动评价表

学校：　　　　　班级：　　　　　姓名：　　　　　日期：

评价指标		分值	评价结果	
一级指标	二级指标		个人评分	优秀/良好
思想品德	对人有礼貌，谈吐优雅，举止文明。	5		
	遵规守纪，有较强的自我控制能力。	5		
	助人为乐，主动关心、帮助他人。	5		
团队合作	集体荣誉感强，团队意识强。	5		
	遵守团队纪律，积极参与研学活动，与团队成员一起完成研学任务。	15		
	善于沟通交流，营造良好团队氛围。	5		
探究能力	主动思考、质疑，主动探究。	10		
	能够克服困难，完成探究任务。	10		
	善于收集素材，并整理总结。	15		
研学成效	高质量、按时完成研学任务。	5		
	做好研学收获记录。	10		
	研学反思和体会。	10		
总分		100		

收获记录	
心得体会	
老师评价	等级

课程设计五 探秘六不像，寻踪扭角羚

课程目标

（1）了解扭角羚的特征和生活习性。
（2）追踪扭角羚，学习对生物种群进行观察、记录的方法。
（3）了解唐家河生物多样性。

难点突破

学习对扭角羚进行观察、记录的基本方法和技巧。

课程准备

一、行前准备

（1）查阅扭角羚特征和生活习性资料。
（2）准备好研学手册及其他研学所需物品。

二、行中任务

（1）明确研学手册任务目标。
（2）根据行前查阅收集的资料，带着任务跟着老师研学；
（3）完成研学手册目标任务，并积极与他人分享本次研学收获。

三、行后总结反思

（1）分享本次研学收获。
（2）讨论：了解扭角羚特性和生活习性及其与环境保护的关系。

适用学段

初中、高中。

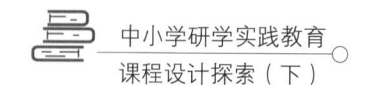

课程时长

40分钟。

课程流程

一、课题导入

由唐家河生物多样性，引入特别物种——扭角羚，由此导入课题。

扭角羚（Ⅰ）

二、参观扭角羚馆

组织学生参观扭角羚馆，通过互动体验等形式了解扭角羚相关的知识。（讲解、参观、体验）

三、探秘扭角羚

（一）扭角羚种属

扭角羚（别名羚牛、金毛扭角羚、牛羚），属于牛科、羊亚科。雌雄均具角，角形弯曲特殊，呈扭曲状，故而称之"扭角羚"。

（二）体型特点

扭角羚体型粗壮，体长200厘米左右，肩高150厘米左右，体重250～600千克。

（三）毛发特点

其背毛短而松，而体侧下方的毛特长。

（四）五官及四肢特点

其吻鼻部裸露，并以一明显的鼻中缝分开，前额隆起。尾短，四肢强健，前肢特发达，肩高高于臀高。它的长相奇特，庞大的背脊隆起像棕熊，两条倾斜的后腿像斑狗，四肢短粗像家牛，绷紧的脸部像驼鹿，宽而扁的尾巴像山羊，两只角长得像角马。因此俗称"六不像"。

扭角羚（Ⅱ）

（五）寿　命

扭角羚平均寿命为 12～15 年。

（六）分　布

扭角羚主要分布于中国西南横断山系和西北秦岭以及印度、尼泊尔、不丹和缅甸。中国分布于陕西、甘肃、四川、云南及西藏等地。扭角羚属于国家一级重点保护动物，被列入国际濒危野生动植物种目录。

（七）繁　衍

扭角羚每年 7～8 月进入交配季节，在此期间，雄牛很热切地四处寻找配偶，性情也变得格外凶猛。为了争夺雌牛，强壮的雄牛间会展开殊死的角斗，获胜者可与雌性交配。扭角羚的孕期约 9 个月，一般在每年的 3～5 月产仔，每胎仅产一头。目前，唐家河境内约有 1 200 多头扭角羚，冬季是观赏扭角羚的最佳季节，早上或者黄昏在山坡上都能看见成群的扭角羚。

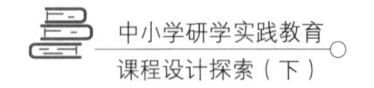

四、寻踪扭角羚

通过合作、探究、观察、记录、展示、分享、交流等方式开展。

寻踪与打猎类似,都是要去了解动物、寻找动物。区别在于追踪者仅是隐秘动物世界的旁观者,以发现和想象作为乐趣,不去干扰或猎杀其生命。对于自然界中的精灵,我们更多时候可能只能看到其踪迹,也许永远见不到追踪对象的实体。如果说观鸟的乐趣在于对当下实体的欣赏,那么寻兽的乐趣更多在于对动物过去踪迹的推理。寻踪方法如下:

(一)选好路线,分组探索

首先需精心挑选适宜的路线,然后以小组为单位展开探索活动。

(二)寻踪对象

一方面要观察土壤上(或雪地上)的足迹、粪便等,另一方面要留意动物啃食树叶等活动在地面以上所留下的痕迹。

(三)观察和追踪

(1)首先选择清晰的痕迹进行观察与测量,如足迹的大小、形状、趾数、前后足的差异、有无爪、爪印的形状和长度、数目,足迹奔跑、跳跃的位置,以及足迹组的特点。然后用手触摸痕迹的新鲜度判断其走过的时间。

(2)根据观察到的痕迹,判断动物的性别、年龄、动物的走向等。

(3)可选择正向追踪(即动物去哪儿)或是逆向追踪(即动物从哪儿来)的方式。

(4)红外监控。它可以监测到兽类的行为,从而更形象地了解兽类的生活习性。

五、走近扭角羚

通过合作、探究、观察、记录、展示、分享等方式进行。

(一)近距离观察

与研学导师及巡护员前往扭角羚观察点,听讲解,并按巡护员要求近距离(100米左右)观察扭角羚。

（二）观察记录

1. 形态特征

着重观察扭角羚的角、毛发、颜色、体型大小等方面的特征。

2. 如何进食

探究扭角羚是食肉还是食素以及进食的动作和速度等情况。

3. 肢体语言

观察扭角羚在恐惧、焦虑、愤怒、对异性的喜爱等不同情绪状态下所表现出的肢体语言。

4. 如何打斗

关注扭角羚在打斗时的动作、叫声、结束后的形态等方面的情况。

（三）观察其他动植物

学生根据野外所看到的动植物，按观察记录方法进行观察记录。

1. 斑　羚

斑羚属于牛科动物，体型大小与山羊相似，无胡须，平均体长 1 米；眼睛大且向左右突出；雌雄均具角，角长为 12～15 厘米，两角由头部向后上方斜向伸展，角尖略微下弯；上体棕褐色或灰褐色，喉斑白色或棕白色，下体色调与上体相似，略淡而稍灰。斑羚独栖或结小群行动，晨昏活动。觅食乔、灌木的嫩枝叶，青草，地衣和苔藓等。

斑羚

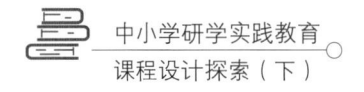

2. 林麝

林麝体长 60~80 cm，肩高小于 50 cm，体重 7~9 千克，无角，站立时后部明显比前部高，尾巴很短，四肢细长，蹄子比较窄而尖，耳朵长而直立，全身呈深棕色，颈部两侧各有一条较宽的白色带纹，一直延伸到腋下。林麝视觉和听觉灵敏，遇到特殊的声音即迅速逃离或隐藏于岩石中。它们能轻快敏捷地在险峻的悬崖峭壁上行走，还能登上倾斜的树干，站立于树枝上，并且善于跳跃，能从平地跳到 2 米以上的高度。

林麝

3. 毛冠鹿

毛冠鹿属于鹿科动物，体形似小鹿。头体长 85~170 cm，肩高 49~72 cm，尾长 7~13 cm，额顶有一族褐色冠状长毛。雄性有角，角短小且不分叉，几乎隐于毛丛中。雌雄鹿的耳背均有一块白斑，体毛呈青灰色、灰褐色或赤褐色，尾背面黑褐到黑色，腹部及尾腹面白色。毛冠鹿多晨昏活动，喜食百合科、虎耳草科、蔷薇科和玄参科植物的嫩枝叶，也食野果和种子。它们栖息于海拔 1 000 米以上的中、高山灌丛、竹丛、草丛较多的河谷灌林和森林中。

毛冠鹿

4. 小　鹿

小鹿是我国特有物种，属于一种小型的鹿科动物。其头部为鲜棕色，颈背中央有一条黑线，腹面从前胸至肛门周围均为白色。幼兽体毛上带有斑点，体色从淡黄褐色至淡栗红色，可随年龄和季节变化而有所差异。小鹿胆小且怕冷，采食各种植物的嫩枝叶，也食青草、落地的野果等。在唐家河保护区，小鹿主要分布于1 150～2 500米的稠密灌丛中。

小鹿

六、分享总结

通过展示、交流、分享、点评、讨论等方式开展。

（1）抽样点评。学生分组观察、记录完毕后，教师对其观察记录情况进行抽样点评。

（2）分享本次活动收获。

（3）讨论：保护环境、建设生态文明以及促进人与自然和谐共生的意义。

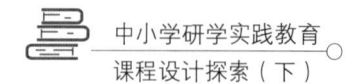

探秘六不像，寻踪扭角羚
学生研学实践教育活动任务单

学校		班级		姓名	
任务	内　容	完成情况		效　果	
行前准备	查阅扭角羚特征和生活习性相关资料。				
	了解唐家河生物多样性。				
	准备好研学手册。				
	其他（雨伞、饮用水、晕车药等）。				
行中任务	了解扭角羚的基本特征。				
	探秘扭角羚的生活习性。				
	追踪扭角羚，学习对生物种群进行观察、记录的方法。				
行后总结反思	本次研学活动的收获是什么？				
	讨论：保护环境、建设生态文明以及促进人与自然和谐共生的意义。				

注：1."效果"一栏用"好""较好""一般"进行描述。

　　2. 完成情况描述尽量简洁。

探秘六不像，寻踪扭角羚
学生研学实践教育活动评价表

学校：　　　　　班级：　　　　　姓名：　　　　　日期：

评价指标		分值	评价结果	
一级指标	二级指标		个人评分	优秀/良好
思想品德	对人有礼貌，谈吐优雅，举止文明。	5		
	遵规守纪，有较强的自我控制能力。	5		
	助人为乐，主动关心、帮助他人。	5		
团队合作	集体荣誉感强，团队意识强。	5		
	遵守团队纪律，积极参与研学活动，与团队成员一起完成研学任务。	15		
	善于沟通交流，营造良好团队氛围。	5		
探究能力	主动思考、质疑，主动探究。	10		
	能够克服困难，完成探究任务。	10		
	善于收集素材，并整理总结。	15		
研学成效	高质量、按时完成研学任务。	5		
	做好研学收获记录。	10		
	研学反思和体会。	10		
总分		100		

收获记录	
心得体会	
老师评价	等级

参考文献

[1] 王东林. 指点关山[M]. 北京：光明日报出版社，2013.

[2] 肖明远，李齐先，母大明. 剑门蜀道揽胜[M]. 北京：线装书局，2014.

[3] 刘国战. 中小学实践教育教学研究（全6册）[M]. 杭州：中国美术学院出版社，2020.

[4] 李百军，王成义. 中小学研学旅行课程建设与实施[M]. 青岛：中国石油大学出版社，2021.

[5] 张金良. 中小学生研学旅行实务[M]. 西安：西安电子科技大学出版社，2022.

[6] 王晓燕，韩新. 研学实践教育课程设计指南[M]. 西安：陕西人民教育出版社，2022.

[7] 肖明华，文丽. 中小学研学旅行课程研发与实施[M]. 成都：四川大学出版社，2022.

[8] 刘玲. 跨学科实践活动的设计与实施[M]. 北京：教育科学出版社，2023.

[9] 王超. 中小学研学实践教育指导[M]. 长沙：中南大学出版社，2020.

[10] 田丽，邵春瑾. 中小学研学实践教育课程概论[M]. 哈尔滨：黑龙江教育出版社，2024.

[11] 王清卫. 中小学研学实践课程指导用书[M]. 武汉：华中科技大学出版社，2019.

中小学研学实践教育课程设计探索
（中）

主　　编　杨国成　袁仕伦　孙　亮
分册副主编　徐显平　李　芹　姜文成

西南交通大学出版社
·成都·

图书在版编目（CIP）数据

中小学研学实践教育课程设计探索. 中 / 杨国成，袁仕伦，孙亮主编. --成都：西南交通大学出版社，2023.12

ISBN 978-7-5643-9644-2

Ⅰ.①中… Ⅱ.①杨… ②袁… ③孙… Ⅲ.①教育旅游－活动课程－教学设计－中小学 Ⅳ.①G632.429

中国国家版本馆 CIP 数据核字（2023）第 246098 号

编委会

主　　　编：杨国成　袁仕伦　孙　亮

分册副主编：徐显平　李　芹　姜文成

分 册 编 委：杨广超　孙丽蓉　付丽霞

　　　　　　王　菲　刘　柳　赵　蓉

　　　　　　赵　英　黄　浩

目 录

第一章　女皇故里——广元城市研学资源（部分）……………089

第二章　蜀道奇观——翠云廊生态研学资源………………………100

第三章　蜀道雄关——剑门关蜀道研学资源………………………114

第四章　龙门绿珠——唐家河自然研学资源………………………127

第一章 女皇故里——广元城市研学资源（部分）

一、优越的区位条件

广元市位于四川盆地北部、嘉陵江上游、川陕甘三省接合处，为四川的北大门。它是川陕甘重要的物资集散基地，至今已有2 300多年的建城历史。其面积达16 313.78平方千米，总人口300余万。1985年经国务院批准设立为地级市，辖利州区、昭化区、朝天区三区和青川、旺苍、剑阁、苍溪四县及广元市经济技术开发区，素有女皇故里、蜀北重镇、川北门户和巴蜀金三角之美誉。广元是三国历史文化的重要走廊，相传为女皇帝武则天的诞生地，也是川陕革命根据地的重要组成部分。

广元已建成连接西南西北、通江达海的区域性综合交通枢纽，是成都、重庆、西安、兰州四大城市交通线的综合枢纽，也是西南西北的商贸物流中心和川东北经济区的重要组成部分。南连成渝双城经济区，北邻天水经济区，处于两江新区、天府新区、西咸新区、贵安新区和兰州新区的中心地带，不仅可快速通达全国各地，还可通过蓉欧快铁、渝新欧等中欧班列和嘉陵江黄金水道直接连通"一带一路"，到达欧美、中亚、东南亚等海外地区。

二、丰富的研学资源

广元境内自然风光秀美，名胜古迹众多。国家级风景名胜区剑门蜀道主体地段纵贯全境。这里有女皇武则天祠庙皇泽寺；有被誉为"历代石刻艺术

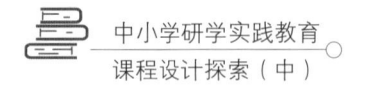

陈列馆"的千佛崖；有被列为国家 5A（AAAAA）级风景区，素有"一夫当关，万夫莫开"之称的天下雄关——剑门关；有"三百里程十万树"的翠云廊；有"中国古今道路博物馆"明月峡；有昭化古城、诸葛亮北伐曹魏的中军帐筹笔驿、姜维墓、阴平古道等多处三国遗址；有唐家河国家级自然保护区；有东河口地震遗址公园；还有白龙湖、天曌山等十余处国家级、省级旅游风景区。

剑门关

明月峡先秦古栈道

白龙湖

广元周边5A级景区众多。有世界自然遗产九寨沟、黄龙及卧龙·四姑娘山大熊猫栖息地；有全球规模最大、保存最完整的地震遗址——北川老县城地震遗址；有世界文化与自然双遗产，闻名遐迩的旅游胜地——乐山大佛；有中国四大佛教名山之一，素有"峨眉天下秀"之美誉的峨眉山风景区；有"中华奇观""天下绝景"之称的巫山小三峡风景区；有"奇险天下第一山"之称的五岳之西岳——华山；有世界最大的地下军事博物馆——秦始皇兵马俑博物馆等5A景区。5A级以下景点景区更是星罗棋布。

广元周边分布着著名的研学旅游示范基地，如都江堰、广汉三星堆、小平故里、朱德故里、重庆红岩、陕西历史博物馆等国家级研学示范基地。

三、厚重的历史文化

（一）三国文化

广元三国文化底蕴深厚，是三国文化汇聚之地，也是三国魏蜀争战的主战场和诸葛亮六出祁山的主要通道。全市有140余处三国遗址遗迹，如姜维城、钟会故垒、关索城、姜维墓、姜维祠、费祎墓、邓艾父子墓、鲍三娘墓、翠云廊、张飞庙、关羽庙、武侯祠、筹笔驿、明月峡、战胜坝、葭萌关、天雄关、白水关、石门关、北雄关、摩天岭、孔明碑等。

明月峡古栈道始凿于春秋战国前，为古代蜀地与中原交流的主要通道，是金牛道上历史文化最厚重、自然风光最优美而又最艰险的地段。阴平古道为古代四川出入中原的主要通道，三国时诸葛亮曾派兵把守，后来邓艾率军自阴平道经摩天岭以毡裹身，推转而下，将士皆攀木缘崖，鱼贯而进，从而灭蜀。道上有众多的文物古迹和国家级森林公园，唐家河大熊猫保护区就在这条道上。米苍道为四川出入中原又一古道，三国蜀汉相争古战场之一。米苍道历史文化遗迹众多，国家级风景名胜区鼓城山就在此道上。

昭化古城

（二）女皇文化

广元皇泽寺三重大殿、武氏家庙、武则天陈列馆、则天雕塑群、唐文化长廊、则天书画院、唐文化一条街、楼台水榭等，详尽展现了厚重的女皇文化。同时，广元有延续近千年的正月二十三妇女游河湾的习俗，即女儿节习俗，形成了独特的地方女性特色文化景观。凤凰楼作为广元的标志性建筑，经常作为女儿节庆祝活动的一部分。

广元凤凰楼

（三）红色文化

广元这片红色的热土上留下了徐向前、李先念等革命先辈战斗的足迹。苍溪红军渡、旺苍红军城、木门会议遗址、红军血战剑门关等众多红军遗址犹如闪闪星斗，辉映着历史的天空。广元市人民政府将这些灿烂的星星一颗颗串起来，形成众多省级、国家级爱国主义教育基地、国防教育基地。有以红军石刻标语为基础，全面展示红军在广元战斗历程的广元红军文化园；有反映红四方面军和川陕苏区发展、壮大，在中国历史上具有重要历史意义的木门会议旧址；有川陕苏区和红四方面军后期的首府——旺苍红军城；有全国爱国主义教育基地、省级文物保护单位、标志红四方面军配合中央红军长征并从此走上长征路的红四方面军强渡嘉陵江渡口遗址——苍溪红军渡；有在红四方面军征战史上具有重大意义的黄猫垭战斗遗址、红军攻克剑门关遗址、太公红军山遗址群等。

（四）石窟艺术

广元有四川开凿历史最早、持续时间最长、规模最大，对研究四川石窟造像传播线路、探索四川地区石窟艺术源流演变有极大学术价值的石窟群，其中最具代表性和旅游价值的有：开凿时间起至北魏，延续400多年的全国第一批文物保护单位皇泽寺摩崖造像；开凿时间起至北魏，延续至清，造像万余尊，现存7 000余尊，被称为历代石窟艺术博物馆的全国第一批文物保护单位千佛崖摩崖造像；有凿于唐天宝年间，现存40多窟，400余尊史实雕像的观音岩。

中国红军城

千佛崖石窟

（五）民俗与民间节庆

广元地处沟通中原和西北之要道，民风民俗有其独特的地方特色。民俗方面主要有妇女游河湾、赛凤舟等习俗；节庆娱乐以灯戏、傩戏、各种灯舞、木偶、皮影演出为主；生产中娱乐以独具川北风味的山歌，如薅草歌、薅草锣鼓、薅秧歌、打柴歌等为主；红白喜事有独具特色的百鸡宴，哭嫁歌；村落民居以川北四合院木结构民居为主；民间节庆活动精彩纷呈，有广元女儿节、剑门豆腐文化旅游节、苍溪梨花节、利州区桃花会、昭化荷花节、青川山珍节等，这些节庆活动规模盛大、形式多样、民风古朴。

广元女儿节凤舟赛

（六）白花石刻

广元白花石刻历史悠久，制作始于隋、唐时。白花石石质细密柔润，是艺人制作笔筒、笔架、花瓶、座屏、仿古器皿、砚台的极好材料。广元白花石刻用色得体，各具其态，浮雕层次丰富，镂空剔透，显得格外玲珑精致。各式山水风景屏极富诗情画意，为中国石刻一绝。

白花石刻

（七）剑门手杖

剑门手杖加工工艺独特，制作精巧，由剑门山区多年生灌木、荆棘、藤条加工而成，既是一种扶倚助行的旅游实用品，又是一种自然美和人工美相结合的工艺品。剑门手杖材料质地细腻、坚韧，斑纹别致，造型自然奇特，极具地方特色。

剑门手杖制作

（八）麻柳刺绣

麻柳刺绣是广元市朝天区麻柳乡一带祖传下来的手工艺绝活，曾是当地衡量姑娘女红技艺水平的重要标准之一。一般使用黑、白、红土布和彩色土线，用全挑、全绣、半挑半绣等绣法绣出各类生活用品，其构思巧妙，乡土气息浓郁，艺术造型优美，思想内容朴实，深受国内外人士的喜爱和赞赏。麻柳乡因麻柳刺绣被命名为"中国民间艺术之乡"。

麻柳刺绣

四、独特的生态环境

广元是一座悠久历史与现代文明互融、山水风光与人文风情相宜、经济发展与社会和谐共促的具有巴蜀文化底蕴的现代化山水园林城市。广元气候兼南北之长，四季分明，雨量充沛，年均气温 16.1 ℃，是天然生物基因库；森林覆盖率达 61.5%，是"省级生态示范区"；城区年空气优良天数高达 364 天，人均公园绿地 11 平方米，是中国最适宜人居的城市之一。

广元是中国首批农科教结合示范区、第二批国家生态文明建设先行示范区；四川省唯一国家低碳城市试点市。广元作为获邀参加在南非德班召开的联合国世界气候大会的西部唯一城市，成功创建为中国低碳生态先进城市、国家森林城市、国家卫生城市、中国优秀旅游城市、国家新型工业化基地、中国温泉之乡、中国西部最具竞争力城市之一、中国军事装备生产基地、中国铁路网十个支点枢纽之一、省级环保模范城市。

广元如意湖鸟瞰图

五、便利的交通枢纽

广元陆路、水路、航空交通四通八达，为研学实践教育活动开展提供了便利的交通条件。

（一）公　路

广元研学实践教育营地距广元南高速出口 13 千米，约 15 分钟车程；距

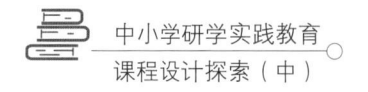

广元西高速口 12 千米，约 13 分钟车程；距广元东高速口 4.2 千米，约 5 分钟车程；距广元北高速口 8 千米，约 9 分钟车程。G5、G75、G212、G108、G5012 等高速公路纵横成网。

公路交通

（二）铁　路

广元研学实践教育营地距广元火车站 8.5 千米，约 10 分钟车程。贯通于广元市的 4 条干线铁路是国家级运输大动脉，宝成复线铁路、兰渝铁路、西成客专纵贯广元南北，万广铁路横贯广元东西。广元是国家九纵六横铁路运输规划中四川省唯一的重要物流节点，是蓉欧快铁、渝新欧国际铁路等陆上丝绸之路经济带的重要枢纽。

铁路交通

（三）航　空

广元研学实践教育营地距广元机场 20.7 千米，约 25 分钟车程。广元机场已开通有直飞北京、上海、杭州、广州、深圳、新疆、海南等城市的航线。

广元机场

（四）水　运

嘉陵江水运直达重庆、上海，经海上丝绸之路到达欧洲；广元港作为千里嘉陵第一港，是我国西北内陆地区通过嘉陵江航道连接长江黄金水道实现通江达海的最近水运口岸。

广元港

第二章 蜀道奇观——翠云廊生态研学资源

翠云廊,是剑门古蜀道的主要路段,也是金牛古道最壮丽的一段,位于北距剑门关7千米的大柏树湾处。这里既是国家首批重点风景名胜区、国家重点文物保护单位剑门蜀道的核心景区之一,也是国家森林公园。

三百多年前,清初著名学者王士祯盛赞翠云廊为"蜀道奇观"。远远望去,翠云廊像一条莽莽苍龙,逶迤于山岭之间,身临其境,又似一条翡翠画廊,溢彩流辉。翠云廊浓荫夹道,古柏成行,无数参天大树高擎翠盖,紧挽臂膀,遮天蔽日于千山万壑,云遮雾绕于涧畔岭头,如绿色苍龙逶迤于崇山峻岭之中。翠云廊磅礴蜿蜒的身姿,奔腾澎湃的气势,苍翠欲滴的神韵,无不令人百般倾倒,情思不尽。

一、云亭望"廊"

观云亭,是一座仿天坛式样的两层楼阁。屋顶用仿稻草的铝制材料装饰,下层为砖石结构,用古朴的色调粉饰砖石,与周围环境融为一体。登亭远望,远山的廊道上那历经千年的古柏群却依然巍峨挺拔,由古柏支撑的"翠云"乃观云亭所"观"之"云"。古柏森森堆叠的"翠云",其独特之美与其他所观之景不可等量齐观。

观云亭

二、诗情画意"翠云廊"

三百里程十万树,苍烟翠云诗意中。漫步翠云廊,这里四季如画,美不胜收,踏在岁月斑驳的青石板路上,闻着带有泥土和古柏的气息,遥想每一棵历经沧桑的古柏都是一个人物,都有一段故事,都有一股情怀。行走其间,水汽氤氲,空翠湿衣,更觉诗意盎然。

翠云廊一角

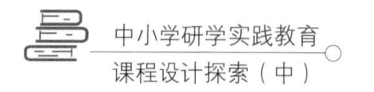

清朝剑州知州乔钵有诗云："翠云廊，苍烟护，苔花荫雨湿衣裳，回柯垂叶凉风度。"自此，"翠云廊"这个充满诗情画意的名字，便成了"剑州路柏"的雅称。

三、"火"与"树"的情缘

在观云亭与翠云廊之间，最引人注目的是那一大片火棘林，共有二十余万株火棘。火棘是常绿灌木丛，平均高度达 1.85 米，近看火棘树形优美，远看正好映衬远处高大的古柏，让摇曳在云空中的苍翠呈翻滚的绿波姿态。火棘的果实从十月开始变红，一直持续到次年二月。20 世纪 80 年代，翠云廊上的古柏曾经发生过一次大规模的病虫害，为了防治虫害，保护古柏，植物专家们建议在此栽种火棘。因为火棘的果子是红色的，且挂果的时间很长，可以引来很多鸟儿觅食，大量的鸟儿到来觅食的同时，也给古柏请来了"医生"，鸟儿就可以啄食古树上的害虫，从而保护这些古柏。

四、驿路话"廊"

（一）植树为"廊"

据史料记载，从秦始皇统一中原之前、秦朝、三国鼎立时期、西魏时期、盛唐时期、宋代、元代、明朝直至今日，历代多次在古蜀道上植柏才形成如今的"蜀道奇观"。

张飞植柏像

翠云廊驿站

（二）传承保护

1. 全员参与

一直以来，剑阁县政府发动全县干部每人每年参与义务植树，组织开展"我为蜀道植棵柏""我为剑阁植棵树"等绿色公益活动，并结合城市绿化、通道绿化、水系绿化等，持续传承蜀道植柏传统。

2. 离任交接

剑阁县制定《剑阁县蜀道古柏离任交接制度》，县委书记、县长，乡（镇）党政主要领导，属地村两委负责人、村民组长，县林业部门、属地林业局负责人，因工作变动，均需按程序移交蜀道古柏。县委书记、县长离任时需将古柏保护情况纳入自然资源资产离任审计。

3. 公众认养

建设古柏认养运营平台，开设认养"网络铺面"，设立认养专项基金，购买古柏保险，传承发扬育柏、护柏和爱柏的优良传统。

4. 创新管柏

（1）一树一档。逐株定位、标号、登记、挂牌，依托"数字林草"，对县内每株蜀道古柏赋予"电子身份证"，实现远程监控、实时监测、数据分析、

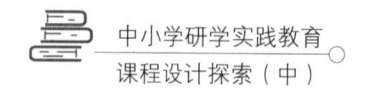

科学管护。

（2）一树一人。划区分段、点树到人、定树明责，建立"县乡村林长＋护林员"四级责任体系，常态化巡查、监测、管护。

（3）一树一策。建立古柏保护专家库，开展院地科研合作，针对性采取环境整治、砌堡坎、树冠整理和土壤改良等复壮救护措施，实施古柏生态环境修复。

5. 精细护柏

（1）防火灾。建设保护区森林消防站和防火检查站，增设消防水箱，完善热感监测系统。

（2）防雷击。建设大气电场仪、接闪塔，安装避雷针，加强极端天气预测预报，运用科技手段降低致害风险。

（3）防风雪。通过架支撑、钢索牵引、拖箍加固等措施，提升古柏抗风雪能力。

（4）防水土流失。通过砌石垒土、畅通沟渠、植被修复等措施进行保水固土。

（5）防有害生物。设置有害生物监测站，动态监测有害生物发生情况，通过飞防、人防、物防、技防等措施降低危害。

（6）防人为破坏。成立"驿道古柏保护司法服务站""古柏资源保护检索工作站"。联合"四市五地"（广元市剑阁县、广元市昭化区、绵阳市梓潼县、南充市阆中市、巴中市南江县），构建"司法合作、市县联动、区域共治"司法监督机制，依法严惩违法行为。

五、"廊"道古柏

剑阁翠云廊大柏树湾的古柏历史悠久、苍翠挺拔、千姿百态、蔚为壮观，人们根据其年龄、状貌等，为这些古柏取了一些别名。

（一）"隆中对"柏

"隆中对"柏，魁伟傲人，胸径为 1.21 米，胸围约 2.9 米。此树定名"隆中对"，是因为柏树两枝彼此分开，仿佛两人促膝谈心，好似当年刘备与诸葛亮隆中相对，一个谋略，一个倾听。人们据象取义，起名为"隆中对"柏。

"隆中对"柏

(二)"三国鼎立"柏

"三国鼎立"柏是三棵树相向生长,象征三国时期曹魏、蜀汉、东吴政权,相互制约,最终形成了三足鼎立的局面。人们根据这三棵树生长的姿态、状貌,并结合三国历史,起名为"三国鼎立"柏。

"三国鼎立"柏

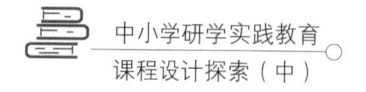

（三）"阿斗"柏

"阿斗"柏高 21 米，胸径为 1.18 米，胸围约 2.8 米，材积 20 立方米，断了一支树干。民间又称此树为"歪脖子"树，意思难以成才（材）。根据其意，人们又把它称作"阿斗"柏。

"阿斗"柏

（四）"夫妻"柏

"夫妻"柏树高 27 米，胸径 1.2 米，材积 17 立方米。它们枝丫覆盖，虬枝交错，相拥而立，枝叶连理，根尾相交，仿佛是一对恩爱夫妻在此携手并肩窃窃私语，互通情愫，人们因此称之为"夫妻"柏，表达夫妻恩爱，白首同心，永结连理的美好祝愿。

"夫妻"柏

（五）"帅大"柏

"帅大"柏的树龄有 2 300 年，胸围达 3.57 米，胸径约 1.3 米，是翠云廊大柏树湾中最大的一棵。

"帅大"柏

"帅大"柏的来历要从剑阁当地人的语言文化说起。剑阁当地人在语言上保留了很多字的古读音，特别是在入声字灭绝的情况下，包括剑阁县在内

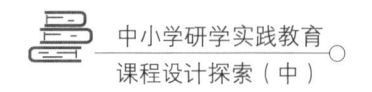

的四川很多偏远地区都基本完整地保留了宋代"平水韵"的古入声字读法。例如在剑阁,当地人把"吃饭"音发作"彻放","石头"音发作"色头","歇气"音发作"辖气","外爷"音发作"卫爷","洗"音发作"四","丰硕"音发作"丰帅"。"帅大"柏实际上就是"硕大"柏的古音,"帅大"柏由此而得名。

(六)神奇的剑阁柏

剑阁柏是被誉为"国之珍宝"的松柏长青树,树高27米,胸径1.16米,材积10.9立方米,树龄有2 300多年。它一枝独秀,强健挺拔,翠盖如云,枝繁叶密,昂扬向上,远看似松,近看是柏。一般的柏树果实是圆的,而这棵柏树的果实却是椭圆的,与松果的外形非常相似,比普通的柏果大,比松果小。该树为濒临灭绝的古老树种,世界仅此一株,因生长在剑阁而命名为"剑阁柏"。

剑阁柏

六、以树为媒,探秘翠云廊

(一)廊道分布

翠云廊有广义和狭义之分。广义的翠云廊,是指古蜀道中柏树数量最多、分布最集中、历史脉络最完整、时间线索最清晰、柏树走势最险要的300里以柏树作为行道树的驿道，分为西段（西南至梓潼）、北段（北至昭化），南段（南下阆中）。这三条蜿蜒山间的古道两旁，全是姿态雄拔、恢宏参天的柏树，是世界罕见的人工植造的古老行道树，也是世界上栽植最早的人工古柏群。狭义的翠云廊，指剑门蜀道景区范围，一共保存有 240 棵古柏树，有规律地分布在翠云廊景区圈定的驿道两旁。

翠云廊驿道

（二）最早的高速公路雏形

翠云廊的"门坎石""拦马墙""饮马槽"是现代高速公路最早的雏形。

1. 门坎石

古金牛道路面平整，沟渠畅通，千百年来路面很少垮塌，主要原因是在容易塌方处和阶梯石中间加入了"门坎石"，既加固了路面，又防止马儿跑得太快停不下来，类似于今天高速公路的减速带。

2. 拦马墙

在一些转弯险道上，还堆砌了高约 1 米的石墙，称之为"拦马墙"。拦马墙分土墙和石墙，土墙是用卵石砌成，中间筑以泥土。石墙由大青石砌成，用石灰加糯米作黏合剂，建筑牢固美观，上涂白灰，可预防策马奔腾的路人跌落悬崖，类似于今天高速公路的防护栏。

3. 饮马槽

一般设在没有水源的驿道旁，干旱时由驿铺管理人员挑水倒进，下雨时

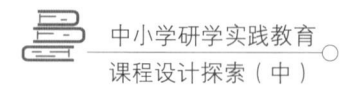

靠集蓄雨水解决，类似于今天高速公路服务区的加油站。

古蜀道上"拦马墙"

（三）古柏抱汉砖

翠云廊的又一个奇迹——古柏抱汉砖。在翠云廊的一棵古柏下面压着两块汉砖，一块棱角分明，一块纹饰清晰。两块砖都被古柏树揽于怀中，犹如母亲护佑婴儿一般，撼摇难动。

古柏抱汉砖（一）

古柏抱汉砖（二）

七、诗话翠云廊

（1）清代诗人张邦伸在《剑州路柏》中赞道：剑州路旁多古柏，霜皮黛色高参天。白日沉沉不到地，秋风飒飒生寒烟。或如龙爪拿云出，或如山鬼摩空拳。或如青牛森五秅，铁干不受枯藤缠。或如黄葛耸翠盖，虬枝四苴盘云巅。千株万株环道左，夏日清凉冬亦颇。武连直抵剑门关，行人尽被浓荫裹。我闻此柏李公栽，剑峰插天层岚开。三百年来人爱惜，扶疏都作栋梁材。遗爱在人金石坚，不独垄头禁樵采。

（2）清代诗人张向彤在《剑州柏树》中也赞道：衔空三百里，一色郁青苍。世代焉能辨，经过得未尝。蟠根惊窜蟒，弱干识栖凰。抱石珠凝绿，流脂玉切黄。十围才博大，千尺气轩昂。不雨犹浮翠，疑晴亦作霜。卑枝堪大厦，密叶钜冬藏。世自需良木，才宁老道旁。

（3）清代诗人、剑州知州乔钵《翠云廊》诗中写到：剑门路，崎岖凹凸石头路。两行古柏植何人？三百里程十万树。翠云廊，苍烟护，苔花荫雨湿衣裳，回柯垂叶凉风度。无石不可眠，处处堪留句。龙蛇蜿蜒山缠互，传是昔年李白夫，奇人怪事教人妒。休称蜀道难，错莫剑门路。

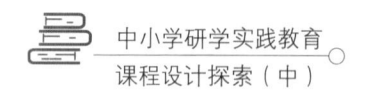

八、树韵留香，泽被后世

翠云廊一角

古今中外来翠云廊游览之人无不为之赞叹。生长在翠云廊里的古柏，沐浴过秦时明月的清辉，瞻仰过汉家王侯的威仪，经历过三国时期的金戈铁马，感受过盛唐的繁荣与兴衰，见证着新时代的繁荣与昌盛。棵棵古柏，虽历经战争烽烟、自然灾害，现今仍保存有近万株。它们以高古苍劲的姿态、蜿蜒如龙的阵势、云环耸翠的清幽、苔花阴雨的滋润、不屈不挠的气魄而被世人誉为"蜀道灵魂""国之瑰宝"。

2023年7月25日，习近平总书记到翠云廊考察，驻足凝望千年古柏，嘱咐："要把古树名木保护好，把中华优秀传统文化传承好。"今天的"翠云廊"正以它独特的价值昭示后人，要把生态文明建设这篇大文章做好，它关乎中华民族永续发展的大计。我们要循着总书记的"生态"足迹，一起绘制"美丽中国"的蓝图。

"翠云廊"是历代劳动人民用智慧和汗水浇灌的艺术长廊。凡是来过翠云廊的人，都情不自禁地发出声声感叹，无不为这举世奇观的精、气、神所震撼。剑门以险著称，蜀道以幽见长。在"翠云廊"中漫步，使人得到一种美的享受。遮天蔽日的翠绿帷幕，将人裹在静谧、清幽、奇异、壮丽的环境里，令人心旷神怡，遐想万千。此时此刻，尘世的烦嚣、夏日的炎热、寒冬的冷酷，一切私欲杂念，都如随风的烟云，飘散而去，唯有尽情地观赏，尽情地领略，尽情地享受。

翠云廊之美，在于它敢与命运抗争的精神和充满青春气息的活力。蜀道翠柏植根于贫瘠的旷野荒岭，历尽了雷劈火烧、风催雪压诸般劫难，虽悬根露爪、折枝断臂、遍体鳞伤，却依旧倔强挺立、昂首向上、苍翠欲滴、童童如盖，庇荫着千年古道。蜀道翠柏虽然年逾千载，却像一位情感得到升华的耄耋老人，在阅尽了人间春色之后，复归本原与童真，四时八节随风起舞，高踞绝顶郁郁葱葱，永远散发着青春的气息与鲜活的生命力，给人以精神的激励。

翠云廊之美，在于它姿态万千、顾盼生情的状貌。翠云廊的古柏，回柯垂叶、虬干如龙、绝壁挺立、气势恢宏、顾盼生情、笑傲苍穹……一树一姿态，一枝一表情。有的魁伟傲岸，正气凛然；有的依山探海，舒腰伸臂；有的迎风挺立，仰天长啸；有的随风起舞，咏叹宣叙；有的低回婉转，独自沉吟……

翠云廊之美，在于它的坚守与团队精神的统一。翠云廊之所以为世人称道，其根本原因在于时间跨度大，空间分布广，整体数量多。单个的古柏不能成为翠云长廊，离开了古柏也就没有翠云长廊。生长在剑门蜀道的每一棵翠柏都表现出不畏艰险、傲然挺立，淡定从容、安贫乐道，百折不挠、蓬勃向上，庇护众生、默默奉献，坚守队列、团结协作的品格。其枝叶相携，根系相连，张扬的个性与整体相协作，要素的组合构成系统的优势，凭借集体的力量才成就了翠云廊"举世无双的世界奇观"。

翠云廊是一首诗，永远讴歌着青春和生命；翠云廊是一本书，记载着历史兴替的经验和教训；翠云廊是一位智慧的老人，他将告诉你什么才是人生的真谛；翠云廊是一种精神，它将永远激励着我们不畏艰难，奋勇前进，飞越雄关，创造辉煌！相信，同学们在翠云廊古柏精神的感召下，你们这棵未来之树一定能"廊"行天下，青春永葆，长成参天大树。

翠云廊有深厚的文化底蕴、众多的历史故事和独特的自然生态。研学翠云廊，可以让中小学生感受到翠云廊自然生态之美、历史文化之美，深刻理解其政治、经济、文化、军事意义，增强对优秀传统文化的认同感，做生态文明的践行者、古树名木的保护者、优秀传统文化的传承者，进一步培养学生积极健康的心态，促进学生形成正确的世界观、人生观和价值观，争做时代新人。

第三章 蜀道雄关——剑门关蜀道研学资源

一、基本情况

剑门关风景区位于四川省广元市剑阁县，为国家 AAAAA 级旅游景区、国家级风景名胜区、全国重点文物保护单位、国家森林公园、国家地质公园等，景区由剑门关、翠云廊两个紧邻景区组成，总规划面积 84 平方千米，核心区面积 6 平方千米，有观赏景点（区）163 个。剑门关作为古蜀道上最重要的关隘，享有"天下第一雄关"的美誉。

天下第一雄关——剑门关

剑门关鸟道

剑门关核心景区由一条三国文化主线串联，有四大资源板块：分别为剑山之壮、栈道之险、关隘之雄和蜀道之古。第一个资源板块是剑山，历经亿万年地质演变，形成剑山奇观，其中最显著的莫过于形同天门一样的两堵铜墙铁壁，悬天一百丈，峭壁出云天。第二个资源板块是藏于剑山沟壑深处的栈道，其历史可以追溯到先秦时代。第三个资源板块是剑门关景区的核心——剑门关，其历史可追溯到三国时期诸葛亮垒石为关和姜维守关，从李白诗中可以领略"一夫当关，万夫莫开"的雄奇。第四个资源板块是古蜀道，即剑门关古道和翠云廊。

二、名字由来

由于远古时期造山运动的作用，剑门关处群峰耸立，直插云霄，倚天如剑，峭壁中断，两崖对峙，其状如门，故称"剑门"，有"剑门雄关"和"天下雄关"之称。剑门关海拔1 200多米，居高临下，地势险要，绵旦百里，把从秦岭千里而下的群山阻断，剑门成为蜀北屏障，峭壁千仞，易守难攻，乃入川之咽喉，为古代兵家必争之地。李白在《蜀道难》中惊叹道："剑阁峥嵘而崔嵬，一夫当关，万夫莫开。"

115

剑门关鸟瞰图

三、地质结构

剑门山地处四川盆地北部边缘断褶带，为龙门山支脉，东南延伸绵延数百里，地势西北高东南低，平面略呈椭圆形，以低山地貌为主，山岭密布，沟壑交错，连山绝险，峻岭横空。

剑门关地质博物馆

大剑山

大小剑山航拍图

站在五丁桥边，可以看到剑门关史前地震遗址，整个山谷都是一片"乱石崩云"的景象。这里每一块巨石都是由若干小卵石组成，看似松散，实际上比今天的高标号水泥浇筑的都还要坚硬。

五丁桥

四、天下雄关

（一）毁建历程

在历史长河中，剑门关楼历经沧桑，屡建屡毁，又屡毁屡建。2008年，"5·12"汶川特大地震致使剑门关景区基础设施、服务设施损毁严重，加上

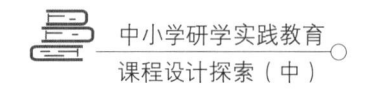

剑门关所在地的大、小剑山地质情况特殊，上边山顶及左边几处山崖被震裂垮塌，关楼也震得摇摇欲坠。震后，在党中央、国务院的英明领导下，在黑龙江和各地人民的支持帮助下，中共剑阁县委、县政府挖掘剑门关三国文化、蜀道文化、关隘文化、红军文化，整合中央重建基金、黑龙江省对口援建资金共 4.6 亿元，建成了如今的剑门关。

（二）关楼解意

关楼

剑门关关楼共有三层。

顶层是当代书法家谢季筠题写的"眼底长安"四个大字，有两层含义。一是文学性的夸张，意指剑门高耸入云，从这里似乎可以放眼看到长安及关中平原；二是指剑门关的重要军事意义，退可保全西蜀，进可攻取长安。

二层是中国书法家协会顾问何应辉先生题写的"天下雄关"四个大字，是对奇伟险峻的剑门关最直观的说明。

"眼底长安"是虚写,"天下雄关"是实写,一虚一实,一远一近,寓情于景,情景结合,是对剑门关人文底蕴最恰当的概括,起到了画龙点睛的作用。

五、蜀道关山

所谓蜀道,即出入四川的道路。自古入蜀道路有两条:一是从东南沿长江三峡溯江而上的水路;二是从西北越秦岭山脉经汉中入蜀的陆路栈道。陆路入蜀极为艰难,必须要穿越横亘在四川和陕西之间的两道障碍:第一道是秦岭山脉,第二道是四川西北边紧密相连的龙门山脉、米仓山脉和大巴山脉。在历史上从长安入蜀的栈道分为南北两部分,共七条入蜀道路。

北栈道是指翻越秦岭的道路,共有四条:一是北起斜谷口(今眉县斜峪关口),南至褒谷口(今汉中市褒城附近),沿褒、斜二水行走,贯穿褒斜二谷,全长约249千米的"褒斜道"。二是由宝鸡经陈仓出大散关,沿嘉陵江东源故道河谷而行,中段经过险峻泥泞的青泥岭,在今略阳县境内的陈平道至宁强县的大安驿接金牛道入川的"陈仓道"。三是北起于周至县西南骆峪,南至汉中洋县傥水河口,全长约240千米的"傥骆道"。这是翻越秦岭距离长安最近的且最为险峻的一条道路。四是从西安东南的杜陵穿越秦岭到汉中的"子午道",系古代长安通往汉中、安康及巴蜀的重要驿道。

南栈道有三条:一是北起今甘肃文县老城,翻越青川县境的摩天岭,经唐家河等地,到达位于今平武县南坝镇的蜀汉江油关,全长约265千米的"阴平道"。二是北起汉中,沿着濂水谷道和巴江谷道,翻越米仓山入蜀,南至今天巴中境内的南江县,全长约240千米的"米仓道"。三是最重要的"金牛道"。这是褒斜道向南边的延伸,从汉中出发,经勉县、跨七盘关、渡剑门关、越梓潼、过涪关(绵阳)、圭绵竹(黄许镇)、穿雒城(广汉)而抵成都。

六、历史关山

剑门关曾经有五丁开山、刘备途经剑门、孔明立关、姜维守关、果亲王过剑门书写"第一关"、红军攻克剑门关等历史故事及遗迹。

刘备像

诸葛亮像

姜维守关像

果亲王书"第一关"

红军攻克剑门关纪念碑

七、诗词关山

剑阁铭

魏晋·张载

岩岩梁山，积石峨峨。
远属荆衡，近缀岷嶓。
南通邛僰，北达褒斜。

狭过彭碣，高逾嵩华。

惟蜀之门，作固作镇。

是曰剑阁，壁立千仞。

穷地之险，极路之峻。

世浊则逆，道清斯顺。

闭由往汉，开自有晋。

秦得百二，并吞诸侯。

齐得十二，田生献筹。

矧兹狭隘，土之外区。

一人荷戟，万夫趑趄。

形胜之地，匪亲勿居。

昔在武侯，中流而喜。

山河之固，见屈吴起。

兴实在德，险亦难恃。

洞庭孟门，二国不祀。

自古迄今，天命匪易。

凭阻作昏，鲜不败绩。

公孙既灭，刘氏衔璧。

覆车之轨，无或重迹。

勒铭山阿，敢告梁益。

蜀道难

唐·李白

噫吁嚱，危呼高哉！

蜀道之难，难于上青天！

蚕丛及鱼凫，开国何茫然！

尔来四万八千岁，不与秦塞通人烟。

西当太白有鸟道，可以横绝峨眉巅。

地崩山摧壮士死，然后天梯石栈相钩连。

上有六龙回日之高标，下有冲波逆折之回川。

黄鹤之飞尚不得过，猿猱欲度愁攀援。

青泥何盘盘，百步九折萦岩峦。

扪参历井仰胁息，以手抚膺坐长叹。
问君西游何时还，畏途巉岩不可攀。
但见悲鸟号古木，雄飞雌从绕林间。
又闻子规啼夜月，愁空山。
蜀道之难，难于上青天，使人听此凋朱颜！
连峰去天不盈尺，枯松倒挂倚绝壁。
飞湍瀑流争喧豗，砯崖转石万壑雷。
其险也如此，嗟尔远道之人胡为乎来哉！
剑阁峥嵘而崔嵬，一夫当关，万夫莫开。
所守或匪亲，化为狼与豺。
朝避猛虎，夕避长蛇。
磨牙吮血，杀人如麻。
锦城虽云乐，不如早还家。
蜀道之难，难于上青天，侧身西望长咨嗟！

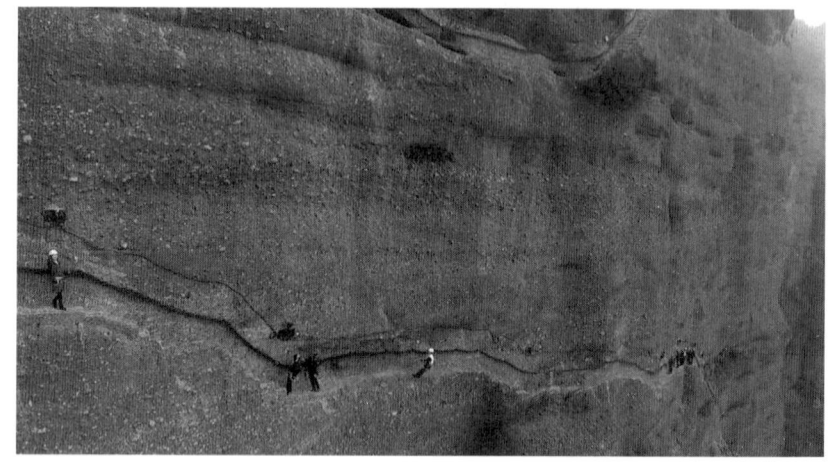

剑门关鸟道

剑门

唐·杜甫

唯天有设险，剑门天下壮。
连山抱西南，石角皆北向。
两崖崇墉倚，刻画城郭状。

一夫怒临关，百万未可傍。
珠玉走中原，岷峨气凄怆。
三皇五帝前，鸡犬各相放。
后王尚柔远，职贡道已丧。
至今英雄人，高视见霸王。
并吞与割据，极力不相让。
吾将罪真宰，意欲铲叠嶂。
恐此复偶然，临风默惆怅。

杜甫像

幸蜀西至剑门

唐·李隆基

剑阁横云峻，銮舆出狩回。
翠屏千仞合，丹嶂五丁开。
灌木萦旗转，仙云拂马来。
乘时方在德，嗟尔勒铭才。

过界首

宋·胡仲参

几重岭隔几重山，路入蒙蒙烟雨间。
独上溪桥重回首，前头已是剑州山。

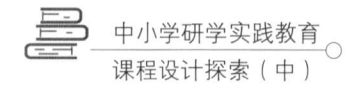

剑门道中遇微雨
宋·陆游

衣上征尘杂酒痕，远游无处不销魂。

此身合是诗人未？细雨骑驴入剑门。

陆游"细雨骑驴"像

过剑溪桥
明·李璧

看山晓渡剑溪桥，踏雾冲云马足遥。

见说金牛经历处，欲将兴废问渔樵。

题剑门关
郭沫若

剑门天失险，如砥坦途通。

秦道栈无迹，汉砖土欲融。

群山齿尽黑，万砾色皆红。

主席思潮壮，人民天下雄。

第四章 龙门绿珠——唐家河自然研学资源

第一节 资源概况

唐家河国家级自然保护区地处四川省广元市青川县境内,位于岷山山系龙门山脉西北侧、摩天岭南麓,北与甘肃文县境内的白水江国家级自然保护区相连,东接青川东阳沟省级自然保护区,西与绵阳市的平武县毗邻,南与青川县的青溪镇、桥楼乡、三锅乡接壤。地处川西北高原向四川盆地过渡的高山峡谷地带,区内峰峦重叠,地形复杂,山势陡峭,河谷深切,地势自西北向东南倾斜,最高海拔3 864米,最低海拔约1 100米,相对高差达2 764米。

唐家河境内森林覆盖率高达96.5%,生物资源富集,有动植物3 700余种。其中,有大熊猫、川金丝猴、四川羚牛、绿尾虹雉等24种国家一级保护动物,有银杏、珙桐、红豆杉3种国家一级保护植物,有豹猫、毛冠鹿、三趾啄木鸟、山溪鲵、重口裂腹鱼等86种国家二级重点保护野生动物,有独叶草、连香树、台湾水青冈、独花兰、独蒜兰、中华猕猴桃、软枣猕猴桃等30种国家二级重点保护植物。可以说,唐家河是这些动植物的生命家园,被世界自然基金会划定为A级自然保护区,也是全球生物多样性保护的热点地区之一,被誉为"天然基因库""生命家园"和岷山山系的"绿色明珠",是全世界低海拔森林生态系统野生动物遇见率最高的地方之一。

唐家河国家级自然保护区于1978年经四川省革命委员会报国务院批准成立(国发〔1978〕256号文件),1986年经国务院批准为国家级自然保护区(国

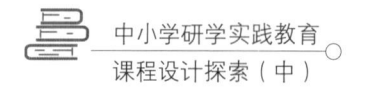

发〔1986〕75号文件），是以大熊猫及其栖息地为主要保护对象的森林和野生动物类型的自然保护区，总面积4万公顷。2021年9月30日，经国务院批复成立大熊猫国家公园，从此，唐家河作为连接岷山山系北部大熊猫种群至关重要的走廊地带，正式从保护区向大熊猫国家公园角色转变。

　　唐家河先后多次被国家林业局、国土资源部、农业部、环境保护总局等部（局）授予"全国自然保护区先进集体""全国自然保护区示范单位"荣誉称号；多次获省级抢救大熊猫工作"先进单位"、森林防火"先进单位"等荣誉称号。2014年入选IUCN全球首批最佳管理保护地绿色名录，2016年在中国自然保护地建设发展60周年纪念大会上被国家7部委评为自然保护工作先进集体。2018年被教育部评为"全国中小学生研学实践教育基地"、被省林业厅评为"四川省森林康养基地"。白熊坪保护站团队在"2018野生动植物卫士行动"中获得"先锋卫士奖"。2019年荣获四川省林业和草原局"全省生态文明基地""四川省林草长期科研基地"、四川省人民政府"金熊猫奖"。2020年被四川省林草局、四川省人力与资源与社会保障厅授予"四川省大熊猫保护突出贡献先进集体"，同年，入选首批"大熊猫国家公园唐家河自然教育基地"，被四川省关心下一代工作委员会、中共四川省委老干部局、四川省精神文明建设办公室表彰为"四川省关心下一代工作先进集体"。2022年被四川省林业和草原局评定为大熊猫国家公园（四川）"熊猫大讲堂"科普品牌培育单位，并入选国家青少年自然教育绿色营地。此外，唐家河还拥有三国阴平古道、红军战斗遗址和众多原生景观等。

唐家河国家级自然保护区入口

一、基本信息

中文名称：唐家河国家级自然保护区。

成立时间：1978 年。

级别：国家级自然保护区。

性质：综合类国家级自然保护区。

总面积：4 万公顷（1 公顷=10 000 平方米）。

地理位置：四川省广元市青川县境内。

二、发展历史

唐家河国家级自然保护区的前身是原绵阳专区青川伐木厂、青川县森林经营所。由于该区内生物多样性丰富，1978 年由四川省革命委员会报经国务院批准，在拆迁原绵阳专区伐木厂、青川县森林经营所的基础上建立自然保护区。

1985~1986 年，唐家河区内的前哨村共 65 户农户 301 人从中迁出，有效控制了人为活动对保护区的干扰，为大熊猫等珍稀野生动植物的繁衍生存创造了优良的环境。1986 年 7 月，保护区升级为综合类国家级自然保护区。

1991 年 12 月，经四川省人民政府批准，"青川县唐家河国家级自然保护区管理所"更名为"四川省唐家河国家级自然保护区管理处"。

三、地理环境

（一）位　置

唐家河国家自然保护区处于岷山山系龙门山西北段、摩天岭南麓，四川盆地向青藏高原过渡的高山峡谷地带，介于亚热带低地和西部及北部的温带高原之间，区内地层古老，曾为古地中海的东岸，北与甘肃文县境内的白水江国家级自然保护区相连，东接青川东阳沟省级自然保护区，西与绵阳市的平武县毗邻，面积 4 万公顷。

（二）水　文

保护区内有 50 多条山溪性河流汇集于唐家河。枯水期涓涓细流，洪水期水流湍急，沿山崖跌落形成道道瀑布。

紫荆花开时的唐家河

（三）气　候

保护区属亚热带湿润季风气候，四季分明、雨量充沛，温暖湿润，夏季凉爽，冬季漫长。区内海拔高差大，在不同的海拔、季节、时段会出现不同的自然气象及天象景观，如日出、云海、彩虹、佛光、雾凇、冰雪、蓝天、白云、满天繁星、日月同辉等。

云雾中的唐家河

雪后的唐家河

（四）地 质

由于唐家河风景区地处龙门山断裂带与秦岭西、摩天岭褶皱带的波及区，地层古老，岩层主要有板岩、花岗岩、灰岩和砂岩等。在保护区可以看到 U 形谷地貌、冰斗地貌、悬谷、冰臼、大型漂砾以及冰川运移时形成的羊脊石、灯盏石、冰川擦痕等。

四、保护对象

唐家河国家自然保护区是以大熊猫、金丝猴、扭角羚及其栖息地为主要保护对象的森林和野生动物、森林生态类型的自然保护区。有脊椎动物 430 种，其中，国家重点保护动物有 72 种，一级保护动物 24 种。大熊猫数量约为 60 只，金丝猴 1 000 多只，扭角羚 1 200 多只。有植物 2 422 种，其中，国家重点保护珍稀植物有 12 种，一级保护植物 3 种。

（一）动 物

（1）大熊猫：栖息于海拔 1 600～3 600 米的阔叶林、混交林和针叶林下的竹丛中，主要以巴山木竹、糙花箭竹、华西箭竹、青川箭竹和缺苞箭竹等为食。栖息面积约 300 平方千米，占保护区总面积的 75%。保护区内约有 60 只大熊猫。

唐家河大熊猫

（2）金丝猴：与大熊猫同域分布，栖息于海拔 1 400～3 000 米一带针阔叶混交林和针叶林。以树栖为主，有时也下地。白天成群活动，夜间 3～5 只结成小群蹲在高大树上睡眠。随季节变化作垂直迁移，夏季生活在海拔 3 000 米左右丛林中，冬季下移到 1 500 米左右的丛林中。在树上或地面采食幼芽、嫩枝、叶、树皮、果实、种子、竹笋等。休息、嬉戏和逃遁均在树上。群居性，一般多在 100～200 只，境内约有 7 群，总共有 1 200 只左右。

金丝猴

金丝猴身手敏捷，活动范围极大，分布范围也很广，最佳观察时间约在春秋季节接近高山草甸的针叶林带，在唐家河检查站到毛香坝的公路沿线也常会发现它的踪迹。

（3）扭角羚：为喜马拉雅横断山脉的特有物种，四川亚种为中国特有亚种。栖息于高山、亚高山森林、灌丛或草甸，在保护区内全境均有分布。有季节性迁移现象，但其主要栖息地是在海拔 2 000～3 400 米的针阔混交林。多营群栖，集群数量变化很大，少则 3～5 头，一般为 10～45 头，在冬季常聚合成 60～130 头的大聚合群。活动范围可达 100 余平方米。保护区内约有 1 000 只。

扭角羚

（4）猕猴：分布于海拔 2 000～3 600 米僻静有食物的各种环境。喜欢生活在石山的林灌地带，特别是岩石嶙峋、悬崖峭壁又夹着溪河沟谷、攀藤绿树的广阔地段。

（5）藏酋猴：栖息于海拔 1 400～3 600 米的高山峡谷的阔叶林、针阔叶林混交林或稀树多岩的地方。群栖，一般为 10～50 只。杂食性，但以植物为主，也吃昆虫、蛙类、小鸟和鸟蛋。

（6）黑熊：属林栖、杂食性动物，栖于海拔 1 400 米的阔叶林到 3 600 米的高山灌丛草甸。由于境内村民迁出后，留下的柿、苹果、梨等水果和大量的榉实可采食，使熊类种群有所发展。每年秋季核桃、板栗等野果成熟时，偶尔可见黑熊在树上觅食。

猕猴

藏酋猴

黑熊

（7）金猫：是一种中等体型的猫科动物，体长90厘米，尾长50厘米，体重为12~20千克，数量不详，估计有几十只。

金猫

（8）黄喉貂：栖于海拔1 400~3 100米地带的各种丛林，巢筑于树洞或石洞中，晨昏活动。以鼠类及小型动物为食，有时可看见几只黄喉貂共同猎杀毛冠鹿、小麂和林麝等中型有蹄类动物。

黄喉貂

（9）鬣羚：栖息于海拔1 400~3 800米茂密而多裸岩的山林地，晨昏活动频繁,白天藏在高山悬岩下或山洞中休息,常单独活动,以杂草及木本植物的枝叶为食,也食少量果实,有定点排便的习性。

鬣羚

(10)斑羚:栖息于海拔1 400～3 800米的高山和中山的山区森林中有稀树的峭壁裸岩处,独栖或成对,栖息地相对固定,一般在向阳的山坡,冬季进入林中,夏季多在山顶活动,以乔木和灌木的嫩枝叶及青草等为食。

斑羚

（11）黄麂：栖息于海拔 2 300 米以下的林缘、草丛等环境，保护区内数量较多。

黄麂

（12）毛冠鹿：栖息于海拔 1 000～3 000 米高山和中山的灌丛、竹丛和草丛较多的河谷林灌及森林中，善隐蔽，成对黄昏活动最频繁，以各种草类为食，亦食山村豆类作物等。

毛冠鹿

（13）岩松鼠：属松鼠科，栖息于海拔 2 600 米以下的林下灌丛、竹林、石隙，以浆果、坚果和种子为食。

岩松鼠

（14）猪獾：栖息于海拔 3 000 米以下的中、低山荒野的溪边、草灌丛，穴居或洞居，吼叫似猪，嗅闻觅食，或似猪以鼻翻掘。杂食，以根茎、果实、鼠、蛙、鳝、鳅等为食。

猪獾

（15）花面狸：栖息于海拔 2 500 米以下的阔叶林、稀疏树丛或林灌。树洞或岩石洞居住，昼伏夜出，善攀援，以野果、野菜、树叶和小动物为食，也取食瓜果、棉桃。

花面狸

（16）豪猪：栖息于海拔 2 000 米以下的山坡，穴居，夜间活动，以枝叶或农作物为食。

豪猪

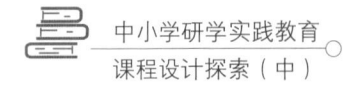

（17）绿尾虹雉：栖息于海拔3 300米以上的亚高山草甸和灌丛，春夏季见于阴坡和阳坡，冬季则见于阳坡的岩石上或山坳中，严冬下迁到混交林。一般3~5只成一小群，约有30只。主要以植物根、茎、叶、花为食，也掏食贝母，故称贝母鸡，还兼食昆虫。

绿尾虹雉

（18）血雉：栖息于海拔2 000米以上的混交林、针叶林和杜鹃灌木间，不善于飞行，靠逃窜逃避。食物为绿色植物及其种子，也吃一些动物性食物如甲虫及虫卵、软体动物等。

血雉

（19）红腹角雉：栖息于海拔 1 000～3 500 米的常绿与落叶阔叶和针阔叶混交林，在林下行走觅食，以蕨、草本及木本植物的叶芽、花、果实及种子为主食，兼食昆虫及小型动物。其种群密度基本稳定，主要活动于森林中低矮灌丛密布的区域。

红腹角雉

（20）勺鸡：栖息于海拔 1 400 米以上的阔叶林、针阔叶混交林和针叶林中，主要活动于森林中低矮灌丛密布的区域，尤其是喜欢湿润、林下植被发达、地势起伏不平又多岩石的混交林地带，有时也出现于林缘灌丛和山脚灌丛地带，常成对或成群活动。主要以植物嫩芽、嫩叶、花、果实、种子等植物性食物为食，也吃少量昆虫、蜘蛛、蜗牛等动物性食物。

（21）红腹锦鸡：栖息于海拔 1 400～2 500 米的阔叶林、针阔叶混交林和林缘疏林灌丛地带，也出现于岩石陡坡的矮树丛和竹丛地带，冬季也常到林缘草坡、荒地活动和觅食。单独或成对活动，冬季常成群，白天多在地上活动，中午多在隐蔽处休息，晚上常栖于靠沟谷和悬崖的树上。主要以野豌豆等植物的叶、芽、花、果实、种子为食，也吃一些农作物、甲虫等。羽毛艳丽，具有很高的观赏价值。

（22）噪鹛：包括橙翅噪鹛、白颊噪鹛等近 10 种鹛类，栖息于海拔 2 400～2 700 米的针阔叶混交林，结成小群活动，通常在针叶林及灌木丛的地面取食。

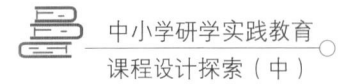

勺鸡

红腹锦鸡

噪鹛

（23）山雀：包括长尾山雀、红腹山雀、黄腹山雀等 30 余种山雀，栖息于海拔 2 600 米以下的落叶阔叶林及多荆棘的栎林。

山雀

（24）白鹡鸰：分布于海拔 2 000 米以下，在地面、屋隙繁殖，常见于水边。

白鹡鸰

（25）红嘴蓝鹊：分布于海拔 2 300 米以下的阔叶林带。

红嘴蓝鹊

（26）蝴蝶：区内各种蝶类约有 100 种，每年 7~8 月，从毛香坝到石桥河区域，可见各种蝶类在林中飞舞。

蝴蝶

（二）植　物

区内有植物 2 422 种，属于国家重点保护的珙桐、连香树、水青树等珍稀植物有 12 种，其中一级保护植物有 4 种。

（1）光叶珙桐：属一级保护植物，观赏性强，每年的 4 月底至 5 月为最佳观赏季节。

光叶珙桐

（2）银杏：属二级保护植物，药用价值高。

唐家河银杏王树

（3）水青树：属二级保护植物，区内数量较少。

水青树

（4）连香树：属二级保护植物，红军桥至摩天岭沿线数量大，花、叶具有很好的观赏价值。

连香树

（5）红豆杉：属一级保护植物，药用价值高。

红豆杉

（6）紫荆花：花色鲜艳，观赏价值高，每年4月初开花，唐家河至毛香坝公路沿线绵延数里，尤其是紫荆花谷，开花时节，甚为壮观。

紫荆花

五、研学资源信息

（一）生物资源

唐家河国家自然保护区位于西南盆地边缘岷山山脉的高山深谷地带，区内有山地常绿阔叶林、常绿阔叶与落叶阔叶混交林、针阔叶混交林、亚高山针叶林、高山灌丛和草甸等 5 种带谱。动植物资源丰富。每年 3 月中旬始见开花植物，至 4 月底，低海拔河谷地带停止降霜。4~5 月，草、木植物迅速生长，牛羚下到河谷采食，或在森林成群集聚，金丝猴降至桦树林分布地带采食幼芽。6~7 月，河谷地带鲜花盛开，蜂蝶飞舞，牛羚又返回原始森林及高山草甸，金丝猴转移至高海拔针叶林带。8 月，黑熊下移至河谷地带采食果实。9 月，秋季来临，树叶变红，一月之后，秋色极浓。10 月中旬，树叶枯落，高山降雪。12 月中旬，大雪纷扬，黑熊进入冬眠，大熊猫却在整个冬季游荡于山坡，采食冻僵的箭竹。

（二）人文资源

唐家河国家自然保护区内有许多处关隘要塞，易守难攻，是历代兵家必争之地。在三国时，这里是蜀国屯兵设防之地，有魏将邓艾"裹毡而下"一举灭蜀的摩天岭等。阴平古道上还有北雄关、写字崖、磨刀石、虎盘石、落衣沟、落衣桥、红军桥等很多古迹遗址。

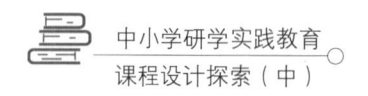

(三)民俗风情

青川自古便是羌、氐、汉、蕃杂居之地,唐家河旁青溪古镇现有汉、回、藏等民族,其中回族较多。回族的生产、生活、婚嫁、丧葬等习俗均有显著的民族特色,加上当地深沟峡谷和小镇田园景色,构成了独特的回族风情。

六、地位价值

唐家河国家自然保护区既成为活化石大熊猫的最佳生息地,是岷山山系大熊猫主要栖息地的重要组成部分,又形成了既古老又复杂的动植物区系,自然生态系统和森林植被保存较为完好,区内生物资源富集,生物多样性程度极高。被联合国自然保护联盟认定为全球生物多样性保护的热点地区之一,中国人与生物圈保护区网络成员,被世界自然基金会评为 A 级保护区,具有重要的科研和保护价值。

第二节 重点资源介绍

一、唐家河自然博物馆

青川县唐家河自然博物馆位于唐家河生态旅游区游客中心景区入口处,展厅面积约 1 400 平方米,分为上下两层。展示区域可以用"一序一道四季"来概括,"一序"指即将进入的"序厅","一道"指关系蜀国命运的"阴平古道","四季"指春、夏、秋、冬四厅。布展以"生命家园"为背景,全面反映了保护区内生物的多样性和厚重的人文史。

二、伐木场纪念碑

青川伐木场纪念碑于 1979 年 10 月由绵阳青片河林业师(原青川伐木厂)修建,1998 年 6 月 12 日,唐家河国家级自然保护区受委托对碑座等进行了维修。纪念碑高约 8 米,其碑文记载了原青川伐木场建设生产、经营、停办经历以及因工因病牺牲的职工名录等。台阶楹联为:"丹心映日月,林海换新天"。此碑亦是搬迁伐木场,建立保护区的历史见证。

第四章 龙门绿珠——唐家河自然研学资源

唐家河景区游客中心

博物馆展陈图

伐木场纪念碑

三、熊猫体验馆

唐家河摩天岭的大熊猫自然体验馆总面积约 60 平方米，采用室外与室内相结合的方式构成整体，营造出"大熊猫世界"的氛围。

熊猫体验馆展陈图

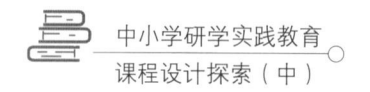

四、蛇岛上的两栖动物

唐家河两栖动物分为水栖和陆栖两种。水栖类有大鲵、山溪鲵、棘腹蛙、四川湍蛙、四川狭口蛙等 11 种，它们白天都在水中，夜间到水边或水中的石头上等待猎食，遇有惊扰即逃入水中；陆栖类群有华西蟾蜍、中华蟾蜍、中国林蛙、日本林蛙等 7 种，它们除繁殖期到水中繁殖外，其他时期均在陆上。

蛇

爬行动物可分穴居类群、陆栖类群、半水栖类群。穴居类群有丽纹龙蜥、铜蜓蜥、北草蜥、蹼趾壁虎等 4 种，它们生活在各种洞穴，夜间或白天到地面活动；陆栖类群有王锦蛇、黑眉锦蛇、乌梢蛇、菜花原矛头蝮蛇、白头蝰蛇、颈槽蛇、山烙铁头等 14 种，它们生活在陆地的各种环境中，逃避敌害时也常进入洞穴中；半水栖类群有华游蛇 1 种，生活在沼泽、水塘附近。

五、扭角羚馆

扭角羚馆是一座融展示、教育、娱乐于一体的体验馆，在这里我们可以通过互动体验学习了解扭角羚相关的知识。

扭角羚，别名羚牛、金毛扭角羚、牛羚，属于牛科、羊亚科。体型粗壮，体长约 200 厘米，肩高约 150 厘米，体重 250～600 千克。雌雄均具角，角形弯曲特殊，呈扭曲状，故而称之"扭角羚"。

母子同行的扭角羚

扭角羚背毛短而松，体侧下方毛特长。其吻鼻部裸露，并以一明显的鼻中缝分开，前额隆起。尾短，四肢强健，前肢特发达，肩高大于臀高。平均寿命为 12~15 年。

扭角羚长相奇特："庞大的背脊隆起像棕熊，两条倾斜的后腿像斑狗，四肢粗短像家牛，绷紧的脸部像驼鹿，宽而扁的尾巴像山羊，两只角长得像角马。"因此俗称"六不像"，意思是扭角羚与以上六种动物都有某些相似之处，但又与它们不一样。

雪中觅食的扭角羚

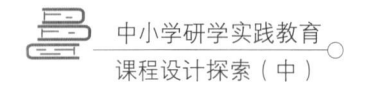

唐家河境内约有 1 200 多头扭角羚，冬季是观赏扭角羚的最佳季节，早上或者黄昏在山坡上都能看见成群的扭角羚。

六、金丝猴馆

金丝猴体验馆强调深度参与体验，是一座融展示、教育、娱乐于一体的体验馆。在这里我们可以通过互动体验学习了解金丝猴相关的知识。

金丝猴群